Damien Galtier

Recettes minceur au son d'avoine,

quinoa, agar-agar et autres modérateurs d'appétit

Ixelles éditions

Directrice de collection : Sophie Descours

Ixelles éditions est une division de Ixelles Publishing SA

ISBN 978-2-87515-040-0
D/2009/11.948/41
Dépôt légal : 4e trimestre 2009
Imprimé en Belgique

Ixelles Publishing SA
Avenue Molière, 263
B-1050 Bruxelles

E-mail : contact@ixelles-editions.com
Site internet : www.ixelles-editions.com

Introduction

Que l'on ait 2 ou 8 kilos superflus, tout le monde a bien compris que la différence entre les « entrées » (ce que l'on mange) et les « sorties » (comment on bouge) représente une des clés du succès d'un programme amincissant. Mais comptabiliser sans cesse les calories en suivant un plan alimentaire strict et avec une liste d'aliments interdits n'est pas le meilleur des concepts : c'est trop astreignant et socialement difficile à vivre. Cette « obsession » conduit bien souvent à s'affamer, se priver ou se carencer. En plus, on s'isole des autres et du plaisir de manger. Beaucoup en ont gardé des séquelles et les quelques kilos perdus sont très vite réapparus ! Quelle est alors la solution ? Prendre simplement en compte les notions de plaisir, d'équilibre alimentaire et surtout de satiété.

Sortir de table sans être rassasié est en effet le meilleur moyen de déséquilibrer son alimentation en conduisant irrémédiablement aux grignotages entre les repas. Ainsi, à quantité calorique égale, certains aliments, préparations ou repas sont dits moins denses que d'autres, c'est-à-dire qu'ils présentent un volume plus important, une quantité d'eau plus forte ou une plus grande richesse en fibres. Ils sont donc

plus rassasiants, car ils prennent plus de volume dans l'estomac.
D'ailleurs, de nombreuses études se sont penchées sur l'importance des fibres, qui sont, si on schématise, le squelette des végétaux, l'enveloppe des céréales ou encore la « peau » des fruits et légumes. Ce que l'on peut affirmer déjà, c'est que les preuves de l'importance de ces fibres dans le contrôle du poids et le maintien de la santé à long terme sont surtout issues d'observations épidémiologiques. La plupart des études de ce type s'accordent pour dire que les populations qui consomment beaucoup de fibres sont moins touchées par l'obésité et le surpoids. Il existe aussi des études cliniques, conduites auprès de populations à risque comme les diabétiques, qui montrent que lorsqu'ils sont associés à une alimentation équilibrée peu grasse, les suppléments en fibres favorisent souvent la perte de poids et un meilleur contrôle du sucre dans le sang. Parmi elles, ce sont surtout celles de la famille dite « soluble » qui sont efficaces.
Et savez-vous quel est le point commun qui existe entre le son d'avoine, l'agar-agar ou encore la pectine contenue dans certains végétaux ? Tout simplement leur teneur incroyable en fibres dites solubles, parées de véritables vertus santé et… minceur ! Pourtant, malgré le formidable succès des fibres et la place qu'elles devraient occuper, on constate d'après différentes enquêtes (Baromètre Santé, Crédoc…) que les

Français, tout comme la plupart des autres habitants des pays occidentaux, consomment à peine 10 à 15 g de fibres par jour, alors que les autorités de santé (à travers le Programme Nutrition National Santé) conseillent un apport quotidien de 25 à 30 g.

Proposer un recueil de recettes riches en son d'avoine, agar-agar ou autres pectines, et donc en fibres solubles, est un véritable coup de pouce pour vous aider à « manger moins », sans contrainte et avec des recettes plaisir. Les « régimes » tristes sont bel et bien derrière vous…

Les modérateurs d'appétit : un vrai coup de pouce naturel

Durant des années, les fibres étaient juste considérées comme des régulateurs du transit : « vous êtes constipés, augmentez votre consommation en fibres », aiment encore à conseiller les médecins et les médias. Pourtant, on s'est aperçu depuis que les fibres n'étaient pas toutes égales entre elles, et ce, en fonction de la famille à laquelle elles appartiennent. En effet, on peut distinguer dans les aliments deux types de fibres, en fonction ou non de leur attirance pour l'eau : les fibres solubles et les fibres insolubles.

Dans l'idéal, alors qu'aujourd'hui les communautés qui ont adopté le mode de vie occidental les ont pratiquement supprimées de leur alimentation au profit d'aliments raffinés, il faudrait consommer 25 à 30 g de fibres par jour, dont 70 % de fibres insolubles (présentes, comme la cellulose, la lignine ou l'hémicellulose, dans les céréales complètes et la majorité des fruits et légumes) et 30 % de fibres solubles (présentes dans certaines céréales et, comme la pectine, dans certains fruits).

Les premières, les insolubles, agissent en facilitant à la fois la digestion et le transit. Les aliments qui en

sont riches doivent être mastiqués longtemps, ce qui stimule les sécrétions salivaires, gastriques, biliaires et pancréatiques. En outre, elles régulent le transit intestinal sans provoquer de diarrhées, contrairement aux idées reçues.
Les secondes, les solubles qui nous intéressent ici, ont la particularité d'attirer l'eau et de se lier à elle pour former une sorte d'éponge dans l'estomac. Celle-ci agit sur deux fronts :

- d'une part, elle piège une partie des sucres consommés, permettant ainsi de limiter l'absorption des sucres alimentaires et de réguler la glycémie et les fringales ;
- d'autre part, elle empêche l'assimilation d'une partie des calories issues des lipides en les emprisonnant dans ce gel.

Le « champ d'action » des fibres est donc bien plus grand que celui d'aider les intestins « paresseux ». Celles de la famille dite « soluble », qui forment la base de ce livre de recettes, sont réellement devenues des nutriments tout aussi importants que les vitamines, les protéines et autres oméga 3. Imaginez un peu : quelles substances alimentaires possèdent autant d'atouts ? En effet, en formant un gel lorsqu'elles sont mélangées aux différents liquides du bol alimentaire, les fibres solubles :

- ralentissent la vitesse à laquelle le sucre est absorbé dans le sang, ce qui limite les variations de la glycémie et donc lutte contre certains types de diabète, mais aussi contre les fringales au beau milieu de l'après-midi ;
- préviennent l'excès de cholestérol dans le sang (le LDL, c'est-à-dire celui qui aurait tendance, en cas de surproduction, à se déposer sur les artères) en diminuant l'absorption des graisses, ce qui limite les calories ingérées mais prévient aussi certaines affections cardiaques ;
- favorisent incontestablement l'amincissement, puisque tout en donnant du volume au bol alimentaire, elles n'apportent aucune calorie. En effet, elles ne sont pas absorbées par l'organisme, aucune enzyme digestive n'arrivant à les dégrader, donc à les digérer. Ce phénomène encourage alors la satiété, ce qui limite la prise alimentaire et diminue l'apport calorique du repas sans pour autant que le « ventre » crie famine.

Les fibres solubles sont donc de véritables régulateurs de l'appétit et modèrent les prises alimentaires sans avoir la sensation de se priver. Mais où trouve-t-on ces fibres alliées de la minceur ? Dans les aliments ou préparations suivantes, qui en sont les plus riches et les plus simples d'utilisation. Ce sont eux qui sont utilisés dans les recettes du livre que vous tenez entre vos mains.

Le son d'avoine

À tout seigneur tout honneur. Les fibres qu'il contient en grande quantité (environ 25 %) sont toutes quasiment solubles. Même les flocons d'avoine en contiennent (8 % environ). Les fibres solubles que l'avoine contient sont essentiellement du bêtaglucane, qui non seulement ralentit le passage du sucre dans le sang, donc limite les fringales, mais aussi emprisonne le plus les graisses alimentaires. Certains chercheurs affirment même que cette fibre pourrait agir au sein des cellules du foie pour ralentir la fabrication du mauvais cholestérol (le fameux LDL). Le mécanisme demeure cependant assez obscur ! Quoi qu'il en soit, le son d'avoine est sûrement un des meilleurs modérateurs naturels d'appétit qui soit. Il peut s'intégrer à de nombreuses préparations (céréales du petit déjeuner, laitages, potages…) mais aussi dans des recettes plus originales que contient cet ouvrage. L'avoine est également une source très intéressante de manganèse et de sélénium, deux oligo-éléments antioxydants, c'est-à-dire qui luttent contre le vieillissement prématuré des cellules de l'organisme. Cependant, il n'est pas conseillé de réaliser une surconsommation de son d'avoine, sous peine non seulement de trop déséquilibrer vos menus en oubliant protéines, laitages et autres fruits qui apportent leur lot de micronutriments essentiels, mais aussi de provoquer des troubles digestifs. Comme « le mieux est l'ennemi du bien »,

il ne faut pas perdre de vue que si les fibres solubles diminuent l'assimilation des graisses, elles en font de même avec les vitamines liposolubles (celles, comme la A, la E ou la D, qui sont présentes naturellement dans les graisses) et les acides gras essentiels (les oméga 3, par exemple). Du coup, par personne et par jour, il est conseillé de ne pas dépasser 50 g.
Vous trouverez le son d'avoine dans les magasins diététiques, choisissez-le de préférence « bio », car bien souvent les fibres externes des céréales s'imprègnent facilement des pesticides utilisés pour les récoltes intensives.

L'agar-agar

L'agar-agar est un extrait d'algue rouge de la famille des rhodophycées traditionnellement utilisées et consommées au Japon. Sa particularité ? Sa teneur en fibres solubles qui avoisine les 80 %. Du coup, en présence d'eau, l'agar-agar forme une sorte de gel et gonfle dans l'estomac en triplant son volume, ce qui tempère réellement l'appétit. Comme toutes les fibres solubles, celles de l'agar-agar piègent également une partie des graisses et des sucres alimentaires, ce qui permet des « économies caloriques » non négligeables. L'agar-agar doit d'abord être dilué et chauffé dans un liquide (aux alentours de 85 °C) puis refroidi (en dessous de 35 °C) pour que ses fibres se figent correctement et réalisent leur action gélifiante. L'agar-agar

s'incorpore alors dans de nombreuses préparations, allant du simple verre de boisson chaude (thé, infusion, bouillon ou soupe…) à prendre quelques minutes avant de manger pour modérer son appétit, aux plats chauds (riz, légumes…) en passant par toute une série de recettes « minceur » que vous découvrirez dans ce livre. Comme toujours, il est inutile voire contreproductif pour sa santé de surconsommer de l'agar-agar : 3 à 4 g par personne et par jour est une limite à ne pas dépasser.
Vous trouverez l'agar-agar sous forme de petits sachets bien pratiques de poudre blanche (de 2 ou 4 g chacun) dans les magasins diététiques, asiatiques ou biologiques.

L'orge et le millet

Contrairement aux autres céréales (excepté bien entendu l'avoine), le millet et l'orge sont riches en fibres solubles. Elles sont sous forme de bêtaglucane (comme l'avoine) et de mucilages non agressifs pour les intestins, mais dont l'effet rassasiant est indéniable. Elles sont tout aussi efficaces pour ralentir l'assimilation des graisses et des sucres. De plus, ces céréales contiennent des protéines, des sucres complexes (également rassasiants) et toute une mine de micronutriments (vitamines du groupe B, magnésium, oligoéléments…). Mais attention, il faut que « l'enveloppe » de ces céréales soit encore présente pour que leur effet

« modérateur d'appétit » fonctionne correctement. C'est le cas si vous optez pour de l'orge mondé, mais pas si vous choisissez de l'orge perlé. Vous trouverez ces céréales en magasins diététiques ou biologiques, et si vous avez de la chance, en grandes surfaces. Il existe de l'orge mondé précuit ainsi que du millet précuit bien pratiques permettant d'éviter un trempage obligatoire d'au moins 12 heures avant cuisson. Autre précision : le millet se verse dans de l'eau bouillante salée (comme les pâtes) alors que l'orge se verse dans de l'eau froide salée que l'on portera à ébullition. Vous (re)découvrirez dans ce livre des recettes pour accommoder ces céréales malheureusement oubliées au profit du blé et du riz ne possédant pas autant d'atouts.

Les pectines (pomme, citrouille, mangue…)

Il s'agit d'une des fibres solubles les plus connues et les plus utilisées… sans le savoir. Si on vous dit pomme, ne pensez-vous pas au dicton « une pomme par jour éloigne le médecin » ? Et qui n'associe pas « pomme » à « baisse de cholestérol » ou à « encas minceur et coupe-faim » ou encore à « gelée » ? Et oui, dans tous ces exemples, c'est la pectine qui est sous-entendue. Cette fibre tendre et soluble est douée d'un fort pouvoir gélifiant, qui, parvenue dans les intestins, se mêle au bol alimentaire en formant un gel (le même qui permet à la pomme de former de la gelée lorsqu'elle est cuite dans un confiturier), visqueux et suffisamment épais pour séquestrer calories, sucres et graisses (dont le cholestérol alimentaire). Certains laboratoires proposent même des compléments alimentaires (Pectiligne, Pectifibres…) à diluer dans un verre d'eau ou un laitage et à consommer quelques minutes avant un repas afin de modérer l'appétit. Cette même pectine est contenue naturellement dans les pommes, et tout autant dans les potirons, courges, mangues, citrouilles, champignons… Alors profitez-en pour découvrir dans ce livre des idées de recettes « rassasiantes » avec ces aliments.

Le quinoa

Ce végétal, à mi-chemin entre une céréale et un légume sec, est aujourd'hui très à la mode. On en trouve non seulement dans les magasins diététiques, mais aussi en grandes et moyennes surfaces, et sous des marques de distributeurs. Riche en protéines d'excellentes qualités, en sels minéraux divers comme le magnésium, le zinc et le calcium, et en sucres complexes assimilés sans « brutalité » par l'organisme, ce qui lui confère un véritable atout anti-fringale et anti-fatigue, le quinoa pousse dans la cordillère des Andes où il a longtemps constitué l'aliment de base des Incas. Ses fibres sont en plus essentiellement solubles, permettant d'ajouter à ces petites graines des atouts minceur et modérateurs d'appétit fort appréciables lorsque l'on doit perdre des kilos superflus. Découvrez dans ce livre quelques recettes simples et pratiques.

Haricots secs, pois chiches et lentilles

Ces légumes secs sont également riches en fibres solubles, en protéines et en sucres complexes lentement assimilés. Ils sont désignés tout simplement comme « aliments minceur », car ils s'opposent à la fringale et aux baisses de la glycémie (sucre dans le sang), ce qui favorise la satiété sur le long terme. Un comble, alors que nous les délaissons depuis plusieurs années au profit d'aliments raffinés (riz poli, pâtes blanches…).

Le psyllium

C'est la petite graine qui monte. Issues d'une plante, l'ispaghul, d'origine indienne et pakistanaise, ces graines contiennent une majorité de fibres solubles, des mucilages, qui sont capables d'absorber jusqu'à soixante fois leur volume en eau, et forment alors dans l'estomac un gel non assimilable mais réellement coupe-faim. Aux États-Unis, ces graines ont été reconnues comme pouvant, dans le cadre d'une diététique adaptée, avoir des effets bénéfiques sur les excès de cholestérol et diminuer l'assimilation des graisses alimentaires. On a même montré des effets sur la régulation de la glycémie, c'est-à-dire que les mucilages du psyllium ralentissent de manière intéressante l'assimilation des sucres alimentaires. Bref, que du bon, et ces graines « enrichissent » depuis peu de nombreux produits alimentaires au Canada et aux États-Unis. En France, on peut trouver de l'ispaghul en complément alimentaire (pour réguler la digestion), mais aussi du psyllium sous forme de flocons, de poudres et de granulés, à ingérer avec un grand verre d'eau avant les repas. On peut également saupoudrer des préparations (potages, laitages, boissons chaudes ou fraîches…) avec ces petites graines magiques, mais encore assez peu commercialisées dans nos pays européens.

Les fibres solubles et les aliments qui les contiennent sont donc de vrais bons points pour garder ou retrouver la ligne et pour déjouer les pièges « anti-minceur » de notre corps. Alors ne perdez pas de temps : pour faire le plein de ces fibres solubles « bienfaitrices », pour mincir convenablement et s'assurer une forme à toute épreuve, découvrez ces délicieuses recettes simples et savoureuses, grâce aux aliments ou préparations qui sont les plus riches en fibres solubles.

Recettes de pains, tartines et autres sandwichs

Pain au son d'avoine

Préparation : 40 min **Repos** : 2 h **Cuisson** : 50 min **4 personnes**	250 g de farine d'épeautre | 20 cl d'eau tiède | 50 g de farine de seigle | 150 g de son d'avoine | 10 g de levure boulangère fraîche | 1 cuil. à café de sel

• Dans un saladier, faites tremper 100 g de son dans 20 cl d'eau pendant 1 heure puis égouttez-le.

• Dans un autre saladier, versez les deux farines et faites-y une fontaine. Versez la levure émiettée, le sel, puis le mélange au son égoutté. Pétrissez le tout pendant 10 à 15 minutes jusqu'à ce qu'une pâte consistante se forme. Couvrez le saladier d'un linge humide et laissez lever dans un endroit chaud et à l'abri des courants d'air pendant environ 1 heure 30 minutes. En principe, la pâte doit doubler de volume au bout de ce laps de temps. Pétrissez la pâte pendant une dizaine de minutes sur un plan de travail fariné puis façonnez un gros pain allongé. Préchauffez le four à 180 °C (th. 6).

• Graissez un grand moule à pain ou à cake (ou deux moules à cake suivant leur grosseur) et tapissez le fond avec le reste de son. Répartissez la pâte dans le ou les moules et laissez-la gonfler encore 30 minutes. Enfournez le pain pour environ 50 minutes. Laissez refroidir. Démoulez.

Pain de mie au son d'avoine

Préparation : 5 min **Cuisson** : 4 min **4 personnes**	4 cuil. à soupe de son de blé | 8 cuil. à soupe de son d'avoine | 4 cuil. à soupe de fromage blanc à 0 % de MG | 4 cuil. à café rases de levure chimique | 4 œufs

• Passez au mixeur pendant 1 minute le son de blé et le son d'avoine afin d'obtenir un mélange homogène et plus farineux. Mettez les sons dans un récipient et ajoutez le fromage blanc, la levure chimique et les œufs entiers. Mélangez le tout (pas besoin de laisser reposer) puis faites cuire 4 minutes au micro-ondes. Démoulez et laissez refroidir.

• Pour obtenir des tartines plus croustillantes, vous pouvez faire des tranches avec le pain et les passer au grille-pain.

L'aubergine, un véritable légume minceur

Sa couleur bleu violet attire l'œil, et c'est tant mieux. L'aubergine renferme en effet de nombreux anti-oxydants (des anthocyanes pour être plus précis) qui protègent les cellules du corps contre les agressions extérieures. Mais ce qui est plus exceptionnel, c'est sa capacité à se comporter comme une « éponge » : mettez-la dans un liquide (eau, huile...), elle en ressortira gorgée. Cette propriété est conservée dans le tube digestif, et elle possède donc un effet « coupe-faim » indéniable. Avec moins de 30 kcal pour 100 g (à condition de ne pas la faire frire), elle mérite la palme de « légume minceur ».

Pain d'orge au son d'avoine

Préparation : 15 min **Repos** : 40 min **Cuisson** : 45 min **4 personnes**	150 g de farine (de type T65) | 150 g de semoule d'orge | 100 g de farine complète (type T110) | 100 g de son d'avoine | 1 cuil. à café de levure de boulangerie sèche | 2 cuil. à café de sel

• Versez la levure dans 30 cl d'eau tiède. Laissez poser 10 minutes. Tamisez les farines et ajoutez la semoule d'orge et le son d'avoine. Formez un puits. Versez-y la levure et mélangez bien. Ajoutez le sel et pétrissez jusqu'à obtenir une pâte souple et élastique qui se détache bien. Laissez lever dans un bol recouvert d'un linge humide pendant 40 minutes.

• Reprenez la pâte et pétrissez-la. Façonnez une miche ronde et laissez à nouveau reposer pendant 1 heure.

• Préchauffez le four à 220 °C (th. 7-8). Faites des entailles en quadrillage. Enfournez pour 45 minutes. Démoulez et laissez refroidir sur une grille.

Pain panini au son d'avoine

Préparation : 10 min **Cuisson** : 1 min **4 personnes**	4 cuil. à soupe de son de blé | 8 cuil. à soupe de son d'avoine | 12 cuil. à soupe de lait en poudre écrémé | 8 œufs | 15 g de beurre | 4 cuil. à café de levure | 1 cuil. à soupe d'huile | poivre

• Mélangez dans un bol le son de blé, le son d'avoine, le lait en poudre, les œufs, le beurre légèrement fondu au préalable et la levure. Huilez avec un papier absorbant une poêle à revêtement antiadhésif. Faites cuire cette pâte 30 secondes en prenant soin de lui donner la forme d'un grand rectangle puis retournez-la à l'aide d'une spatule et éteignez le feu sous la poêle. Attention, le mélange cuit très vite.

• Pour préparer ensuite un « panini », coupez en deux ce « pain » dans le sens de la longueur et disposez la moitié sur un gril préchauffé. Recouvrez celle-ci d'ingrédients de votre choix.

• Vous pouvez par exemple déposer une tranche de fromage (gouda, gruyère…) et ajouter une tranche de jambon blanc, de blanc de volaille ou de saumon fumé. N'oubliez pas quelques rondelles de tomate avant de poivrer et recouvrez de l'autre tranche de « pain » panini. Pressez très fort et enfournez, sur position gril, 1 minute de chaque côté (il faut que le pain devienne croustillant à l'extérieur).

Petites tartines du potager

Préparation : 20 min **Cuisson** : 2 min **4 personnes**	4 grandes tranches de pain au son (cf. recette) | 200 g de fromage blanc à 0 % de MG | 40 g de chèvre frais | 1 cuil. à soupe d'huile d'olive | 1 petit oignon blanc nouveau | 4 cuil. à soupe d'un mélange de fines herbes | 400 g d'un mélange de petits légumes (fèves, radis, chou-fleur, pointes d'asperges, carottes, concombre, tomates cerise…) | sel | poivre | paprika

• Pelez l'oignon et émincez-le finement. Malaxez le fromage de chèvre avec le fromage blanc et l'huile d'olive. Incorporez l'oignon, les fines herbes préala-

blement hachées, du sel et du poivre.
• Faites dorer au grille-pain les quatre tranches de pain au son, puis tartinez-les du mélange au fromage blanc. Saupoudrez de paprika. Déposez les tartines au centre de quatre assiettes, puis déposez autour les petits légumes crus et croquants préparés (lavés, taillés en bâtonnets ou en rondelles…). Servez en entrée ou en plat suivant l'appétit et les envies.

Croûtons à la scandinave

Préparation : 15 min **Réfrigération** : 30 min **Cuisson** : 10 min **4 personnes**	150 g de fromage blanc à 0 % de MG | 180 g d'œufs de saumon, de truites ou de lumps | 2 échalotes | 1 citron | 1 cuil. à soupe d'huile d'olive | 4 grandes tranches de saumon fumé | 1 pain au son d'avoine (cf. recette) | sel | poivre

• Préchauffez le four à 180 °C (th. 6). Coupez le pain au son en gros dés, puis disposez-les sur la lèchefrite du four, et enfournez 10 minutes. Laissez refroidir.
• Pelez les échalotes et coupez-les finement pour obtenir des tout petits dés. Versez dans un saladier, ajoutez les œufs de poissons et le jus du citron. Mélangez-le tout avec le fromage blanc, l'huile d'olive, du sel et du poivre. Placez au frais 30 minutes.

• Ajoutez alors les croûtons de pain grillés, mélangez bien et recouvrez chaque tranche de saumon de cette préparation. Roulez les tranches et servez avec une salade verte (en entrée ou en plat).

Sandwich au caviar d'aubergine

Préparation : 15 min **Réfrigération** : 30 min **Cuisson** : 20 min	2 grosses aubergines | 4 citrons | 4 gousses d'ail | 1 yaourt bulgare ou velouté | ½ bouquet de persil | 2 cuil. à soupe d'huile d'olive | 8 tartines de pain d'orge au soin d'avoine (cf. recette) | quelques copeaux de parmesan | paprika | sel | poivre

• Préchauffez le four à 200 °C (th. 6-7). Piquez les aubergines avec une fourchette et enfournez-les pendant 15 à 20 minutes dans un four chaud. Pendant ce temps, pressez les citrons et mélangez le jus obtenu avec l'ail et le persil haché. Passez les aubergines dès leur sortie du four sous l'eau froide et retirez leur peau. Passez quelques secondes la chair taillée en cubes au mixeur avec le yaourt et l'huile d'olive. Ajustez l'assaisonnement et réservez au frais 30 minutes.

• Faites griller les tranches de pain et étalez sur quatre d'entre elles la purée d'aubergines, puis quelques copeaux de parmesan. Saupoudrez de paprika, recouvrez des autres tranches de pain pour réaliser des sandwichs.

• Vous pouvez les emporter au bureau ou les servir en « plateau TV » avec de la roquette citronnée.

Club sandwich à la dinde et au bacon

Préparation : 20 min **Marinade** : 30 min **Cuisson** : 6 min **4 personnes**	4 escalopes de dinde | 8 fines tranches de bacon | 150 g de petites pousses d'épinard (ou de la mâche) | 1 gousse d'ail | 1 citron | 12 tranches de pain de mie au son d'avoine (cf. recette) | 1 boîte ou 1 bocal de poivrons rouges grillés au naturel (environ 500 g) | 2 cuil. à soupe de yaourt bulgare ou velouté | 2 cuil. à soupe de sauce de soja | 4 cuil. à soupe d'huile d'olive | quelques gouttes de Tabasco | sel | poivre

• Égouttez et épongez les poivrons avec du papier absorbant. Faites mariner la moitié de ces poivrons dans deux cuillerées à soupe d'huile d'olive et passez au mixeur l'autre moitié avec le yaourt, l'ail pelé, une cuillerée à soupe d'huile d'olive, un peu de sel et de poivre. Mettez les escalopes dans un plat creux et arrosez-les avec la sauce de soja, le Tabasco, une cuillerée à soupe d'huile d'olive et le jus du citron. Faites mariner l'ensemble 30 minutes au réfrigérateur.

• Pendant ce temps, rincez et essorez les feuilles d'épinard (ou la mâche) puis découpez en fines lamelles les filets de bacon. Égouttez les escalopes, faites-les griller dans une poêle à revêtement antiadhésif et découpez-les en petites lamelles. Toastez les tranches de pain de mie et construisez vos « club » sandwichs : tartinez pour chaque personne deux tranches de pain de mie avec la « purée » au poivron, répartissez dessus un peu d'épinards, des languettes de dinde, des lanières de bacon et des morceaux de poivron « mariné ». Posez ces deux tranches l'une sur l'autre et recouvrez le tout avec une troisième tranche de pain de mie « nature ».

• Appuyez sur ce sandwich « à deux étages » et coupez-le en deux dans le sens de la diagonale afin d'obtenir deux sandwichs triangulaires. Dégustez pour un pique-nique, un plateau télé ou un repas léger un soir d'été avec des amis.

Ne calculez plus les calories

Arrêtez de comptabiliser sans cesse les calories que vous mangez : c'est trop astreignant et invivable socialement. De plus, cette obsession vous limite inutilement en molécules non seulement indispensables tous les jours (vitamines, minéraux, oligo-éléments…), mais également nécessaires pour bien maigrir (protéines, glucides complexes…). Enfin, votre organisme peut réagir à cette privation forcée de calories d'une étrange façon, c'est-à-dire en stockant plus de graisses qu'à son habitude ! Pour perdre du poids sans plus regrossir, mieux vaut donc perdre ses mauvaises habitudes alimentaires.

Tartine de Saint-Jacques aux échalotes

Préparation : 15 min **Cuisson** : 15 min **4 personnes**	4 grandes tranches de pain d'orge au son d'avoine | 16 noix de Saint-Jacques ou de pétoncles (éventuellement surgelées) | 200 g d'échalotes hachées (éventuellement surgelées) | 2 cuil. à soupe d'aneth haché (éventuellement surgelé) | 2 cuil. à soupe d'huile d'olive | 2 poignées de gros sel | sel | poivre

• Faites dorer les échalotes dans une poêle à revêtement antiadhésif avec l'huile d'olive. Salez, poivrez et laissez sur le feu une petite dizaine de minutes, en remuant régulièrement. Dans une autre poêle à revêtement antiadhésif, faites cuire les noix de Saint-Jacques sur un lit de gros sel pendant quelques minutes en les retournant à mi-cuisson.

• Étalez la « fondue » d'échalotes sur chaque tranche de pain préalablement toastée, disposez les noix de Saint-Jacques, parsemez d'aneth, salez, poivrez et servez aussitôt, soit en entrée, soit en plat avec des feuilles de salade verte et des quartiers de tomate à la croque-au-sel.

Tartine aux rillettes de haricots blancs

Préparation : 10 min **Cuisson** : Pas de cuisson **4 personnes**	4 grandes tranches de pain au son | 1 petite boîte de haricots blancs (420 g) | 6 filets d'anchois à l'huile (ou 1 petite boîte de thon à l'huile d'olive) | 4 cornichons | 10 olives noires dénoyautées | 2 cuil. à soupe de câpres | 2 cuil. à soupe d'huile d'olive | le jus d'un citron | un peu de piment d'Espelette ou quelques gouttes de Tabasco | sel | poivre

• Égouttez les haricots blancs et les anchois (ou le thon) et passez-les quelques secondes au mixeur avec tous les autres ingrédients pour obtenir une consistance de « rillettes » à tartiner sur les tranches de pain au son préalablement toastées.

• Vous pouvez également vous en servir comme base pour préparer un sandwich avec ce même pain au son.

Club sandwich à l'émincé de rumsteck

Préparation : 15 min **Marinade** : 30 min **Cuisson** : 5 min **4 personnes**	4 tranches de rumsteck (de 100 g chacune) ou 4 steaks peu épais | 1 avocat | 100 g de mâche | 1 citron vert non traité | 1 échalote | 12 tranches de pain de mie au son d'avoine (cf. recette) | 2 cuil. à soupe de sauce de soja | 4 gouttes de Tabasco | 2 cuil. à café de moutarde | 2 cuil. à soupe d'huile d'olive | sel | poivre

• Découpez les tranches de viande en fines lamelles et trempez-les dans une assiette creuse contenant la sauce de soja, le Tabasco et l'huile d'olive. Couvrez et laissez mariner une trentaine de minutes au frais.

• Réduisez en purée la chair de l'avocat, assaisonnez-la avec le zeste du citron vert, son jus, l'échalote préalablement hachée, la moutarde, du sel et du poivre. Faites griller la viande 2 à 3 minutes dans une poêle à revêtement antiadhésif. Salez, poivrez. Toastez les tranches de pain de mie. Tartinez-en huit d'une fine couche de purée d'avocat, répartissez dessus des lamelles de viande et des feuilles de mâche. Empilez-les deux par deux et coiffez l'ensemble avec une tranche de pain de mie au son « nature ».

• Appuyez sur ce sandwich « à deux étages » et coupez-le en deux dans la diagonale afin d'obtenir deux sandwichs triangulaires. Dégustez au bureau à la place des sandwichs à la charcuterie ou de ceux qui débordent de mayonnaise ou pour confectionner un plateau télé.

Croque hawaïen

Préparation : 10 min **Cuisson** : 5 min **4 personnes**	12 tranches de pain de mie au son d'avoine | 20 crevettes roses décortiquées | 2 tranches d'ananas | 3 tranches de jambon blanc dégraissé découenné | 3 fines tranches de gouda | 3 cuil. à soupe de fromage blanc à 0 % de MG | sel | poivre

• Préchauffez le four sur position gril. Coupez les crevettes en morceaux et les tranches d'ananas en petits cubes. Mélangez dans un saladier les crevettes et les dés d'ananas avec le fromage blanc, du sel et du poivre.

• Répartissez une demi-tranche de jambon sur six tranches de pain de mie. Étalez la préparation aux crevettes dessus et recouvrez d'une demi-tranche de gouda. Couvrez avec les tranches de pain de mie restantes. Faites dorer les « croques » quelques minutes sous le gril du four.
• Découpez chacun d'entre eux en quatre et servez-en cinq morceaux par personne, accompagnés d'une feuille de salade pour un plat complet, ou emportez-les dans du papier d'aluminium pour le repas de midi au bureau.

Croque au saumon et à la ricotta

Préparation : 10 min **Cuisson** : 5 min **4 personnes**	12 tranches de pain de mie au son d'avoine | 6 fines tranches de saumon fumé | 50 g de ricotta | 100 g de fromage blanc à 0 % de MG | 12 feuilles de basilic (frais de préférence) | 2 citrons | sel | poivre

• Préchauffez le four sur position gril. Dans un bol, mélangez la ricotta, le fromage blanc, le jus des citrons, le basilic haché, du sel et du poivre. Répartissez cette préparation sur six tranches de pain de mie, déposez une tranche de saumon fumé dessus, puis couvrez d'une autre tranche de pain de mie « nature » en pressant légèrement. Faites dorer ces « croques » quelques minutes sous le gril du four.

• Vous pouvez les apporter au bureau, les servir en entrée avec de la laitue ou en plat avec un taboulé de millet (cf. recette).

Petits pains au jambon

Préparation : 15 min **Cuisson** : 15 min **4 personnes**	4 petits pains ronds au son d'avoine (voir recette) | 4 œufs extra frais | 4 fines tranches de jambon de Pays | ½ bouquet de ciboulette | 1 cuil. à soupe d'huile d'olive | sel | poivre

• Préchauffez le four à 180 °C (th. 6). Découpez un chapeau et ôtez la mie au centre des petits pains pour les évider légèrement. Faites griller les pains au four 5 minutes et les « chapeaux » environ 2 minutes. Enveloppez-les dans un linge pour les maintenir au chaud. Faites cuire les œufs dans une poêle à revêtement antiadhésif légèrement huilée. Salez, poivrez et dès que les blancs sont pris, arrêtez la cuisson.

• Répartissez les pains sur des assiettes individuelles et glissez une tranche de jambon de pays dans chacun d'entre eux. Séparez les œufs et décollez-les délicatement à l'aide d'une spatule. Faites-les glisser sur le jambon puis replacez le chapeau. Décorez avec les brins de ciboulette et servez rapidement avec une assiette de crudités pour un plat complet.

Petits pains aux rillettes d'églefin

Préparation : 12 min **Cuisson** : 12 min **4 personnes**	4 tranches de pain d'orge au son d'avoine | 4 filets d'églefin (d'environ 100 g chacun) | 30 g de crème fraîche allégée à 15 % de MG | 50 g de fromage blanc à 0 % de MG | 4 cuil. à soupe d'aneth haché | sel | poivre

• Enlevez les arêtes des filets d'églefin et faites-les cuire à la vapeur. Émiettez-les pour les écraser à la fourchette avec la crème allégée, le fromage blanc et l'aneth. Salez, poivrez. Faites griller les tranches de pain et dressez dessus les rillettes en formant des quenelles.

• Servez accompagnées d'une laitue en entrée ou en plat principal, ou bien servez-vous de la préparation pour réaliser des sandwichs en cas de pique-nique ou de plateau repas.

Pain perdu aux figues

Préparation : 20 min **Cuisson** : 20 min **4 personnes**	4 grosses figues | 4 grandes tranches de pain au son (de préférence légèrement « rassis ») | 40 g de beurre | 2 œufs | 15 cl de lait écrémé ou demi-écrémé | 30 g de sucre en poudre ou d'édulcorant type aspartame ou saccharine (suivant les goûts et les « régimes ») | 1 cuil. à soupe d'eau de fleur d'oranger | éventuellement 4 boules de glace vanille et 2 cuil. à soupe de sucre glace

• Battez les œufs en omelette avec le sucre (ou l'édulcorant), le lait et l'eau de fleur d'oranger. Faites tremper les tranches de pain coupées en deux dans ce mélange. Faites fondre 20 g de beurre dans une poêle à revêtement antiadhésif et faites-y dorer sur les deux faces les tranches de pain bien humectées du mélange précédent. Réservez-les en les déposant sur du papier absorbant pour retirer l'éventuel excès de beurre.

• Préchauffez le four à 240 °C (th. 8). Fendez les figues en quatre dans le sens de la hauteur, sans séparer complètement les quartiers. Passez-les au four 10 minutes en déposant sur chaque fruit une noisette de beurre.

• Servez en déposant sur chaque assiette à dessert deux

demi-tranches de pain perdu surmontées d'une figue rôtie éventuellement saupoudrée d'un peu de sucre glace et accompagnées d'une boule de glace vanille.

Pain perdu à l'orange et à la cannelle

Préparation : 20 min **Cuisson** : 15 min **4 personnes**	8 tranches de pain au son (de préférence légèrement rassis) | 4 oranges | 25 cl de lait écrémé | 4 œufs | 30 g de beurre | 150 g de sucre ou 20 g d'édulcorant en poudre type aspartame ou saccharine (suivant les goûts et les « régimes ») | 2 cuil. à soupe de cannelle en poudre

• Coupez les oranges en petits quartiers et déposez-les dans un saladier au frais en les mélangeant bien avec la moitié du sucre (ou de l'édulcorant). Dans une assiette creuse, mélangez le lait et la moitié de la cannelle, et dans une autre grande assiette creuse, les œufs battus en omelette avec le restant de sucre (ou d'édulcorant). Trempez les tranches de pain dans la première assiette, puis dans la seconde.

• Faites fondre le beurre dans une poêle à revêtement antiadhésif et faites-y dorer sur les deux faces les tranches de pain bien humectées des deux mélanges précédents. Déposez-les sur du papier absorbant pour retirer l'éventuel excès de beurre.

• Servez ensuite les tranches en posant par-dessus les oranges saupoudrées de la cannelle en poudre restante.

Pain doré aux fraises

Préparation : 20 min **Cuisson** : 20 min **4 personnes**	250 g de fraises | 6 tranches de pain d'orge au son d'avoine (de préférence légèrement rassis) | 40 g de beurre | 2 œufs | 12 cl de lait écrémé ou demi-écrémé | 2 cuil. à soupe bombées de gelée de groseille | 30 g de sucre en poudre ou 5 g d'édulcorant en poudre type aspartame ou saccharine (suivant les goûts et les « régimes ») | 1 cuil. à café d'eau de fleur d'oranger

• Dans une grande assiette creuse, battez les œufs en omelette avec le sucre (ou l'édulcorant) et l'eau de fleur d'oranger. Versez ensuite le lait et mélangez délicatement à l'aide d'un fouet. Faites tremper dans ce mélange les tranches de pain découpées en deux.

• Faites fondre le beurre dans une poêle à revêtement antiadhésif et faites-y dorer sur les deux faces les tranches de pain bien humectées du mélange précédent. Réservez-les en les déposant sur du papier absorbant

pour retirer l'éventuel excès de beurre. Faites fondre la gelée de groseille à feu doux dans une petite casserole et versez-la sur les fraises préalablement équeutées et fendues en quatre dans le sens de la longueur.
• Servez en déposant sur chaque assiette à dessert trois demi-tranches de pain perdu et répartissez les fraises par-dessus.

Des recettes de pain dans un livre « minceur » ? Est-ce une erreur ?

Eh bien non ! Tous les spécialistes sont unanimes : le pain, comme d'ailleurs tous les aliments, ne possède pas la faculté de faire grossir. Ce n'est pas vraiment le nombre de calories que les aliments apportent qu'il faut retenir, mais plutôt la quantité que nous en consommons et la façon dont nous les préparons. Avec du son d'avoine dans leur mie, les sucres complexes du pain deviennent ici réellement rassasiants et permettent à l'organisme, et notamment au cerveau qui en est un grand consommateur, de tenir le coup par l'apport régulier de sucre. Bien entendu, il est inutile d'en consommer des quantités phénoménales (plus de deux baguettes par jour !). Ce sont surtout les accompagnements choisis qu'il faudrait parfois dénoncer (charcuteries, sauces, excès de fromage…). Le pain, surtout ceux des recettes proposées ici, permet même de rassasier convenablement et d'éviter les fringales entre les repas.

Pain perdu aux pommes

Préparation : 20 min **Cuisson** : 10 min **4 personnes**	4 pommes (type golden, gala, jonagold…) | 4 grandes tranches de pain d'orge au son d'avoine (de préférence légèrement rassis) | 2 cuil. à soupe bombées de gelée de cassis | 50 g de sucre en poudre ou d'édulcorant type aspartame ou saccharine (suivant les goûts et les « régimes ») | 25 cl de lait écrémé ou demi-écrémé | 2 œufs | 40 g de beurre | 1 pincée de sel

• Coupez un chapeau sur chaque pomme et retirer le cœur et les pépins. Creusez également le chapeau. Déposez-les dans un plat à micro-ondes et remplissez chaque cavité d'un peu de gelée de cassis. Recoiffez chacune de son chapeau, versez quatre cuillerées à soupe d'eau dans le fond du plat et faites cuire environ 5 minutes au micro-ondes à puissance maximale.
• Faites tiédir le lait et le sucre (ou l'édulcorant) dans une casserole et versez-le dans une grande assiette creuse. Dans une autre assiette, battez en omelette les œufs avec la pincée de sel. Trempez alors rapidement chaque tranche de pain dans le lait tiédi puis dans les œufs battus. Faites fondre le beurre dans une

poêle à revêtement antiadhésif et faites-y dorer sur les deux faces les tranches de pain bien humectées des mélanges précédents. Réservez-les en les déposant sur du papier absorbant pour retirer l'éventuel excès de beurre.

• Servez en déposant sur chaque tranche de pain perdu une pomme tiédie et arrosez le tout avec du jus de cuisson des pommes.

Recettes de tartes et galettes salées

Galette légère au son d'avoine

Préparation : 5 min **Cuisson** : 5 min **4 personnes**	4 œufs | 12 cuil. à soupe de son d'avoine | 4 cuil. à soupe bombées de fromage blanc à 0 % de MG | sel | éventuellement épices divers (cumin, poivre, curry, paprika…)

• Cassez les œufs dans un bol. Ajoutez le son d'avoine puis le fromage blanc. Ajoutez le sel et éventuellement les épices. Faites cuire dans une petite poêle à revêtement antiadhésif.

Galettes aux flocons d'avoine

Préparation : 15 min **Trempage** : 20 min **Cuisson** : 15 min **4 personnes**	150 g de flocons d'avoine | 50 g de son d'avoine | 50 g de farine complète (de type T110) | 1 cuil. à soupe de persil haché | 2 œufs | 2 cuil. à soupe de graines de sésame | 1 noix de beurre fondu | sel

• Mélangez ensemble les flocons d'avoine et le son. Mettez-les à tremper dans de l'eau bouillante salée une vingtaine de minutes.
• Égouttez-les bien et pressez-les entre vos mains pour ôter toute l'eau. Incorporez la farine, le persil, les graines de sésame, le beurre fondu et les œufs. Mélangez bien et formez dans vos mains légèrement farinées des galettes plates que vous pouvez faire cuire de chaque côté dans une poêle à revêtement anti-adhésif légèrement huilée avec un papier absorbant.

Pâte à tarte au son d'avoine

Préparation : 15 min **Cuisson** : Pas de cuisson (prévoir ensuite pour la confection des tartes environ 35 min) **4 personnes**	2 cuil. à soupe de son de blé | 4 cuil. à soupe de son d'avoine | 3 cuil. à soupe de Maïzena | 2 cuil. à café rases de levure | 1 noix de beurre fondu | 2 petits-suisses à 0 ou 20 % de MG

• Passez au mixeur pendant 1 minute environ le son de blé et le son d'avoine. Mettez-les dans un sachet de congélation et ajoutez la Maïzena et la levure, puis mélangez le tout jusqu'à obtenir une poudre homogène.
• Déposez le contenu du sachet dans une assiette creuse et faites un puits pour y ajouter le beurre fondu

et un petit-suisse. Malaxez le tout jusqu'à obtenir une pâte sablonneuse et rajoutez le dernier petit-suisse.

• Pétrissez jusqu'à obtenir une grosse boule ou un boudin. Aplatissez la pâte avec un rouleau ou une bouteille et tapissez la pâte avec les doigts dans un moule à tarte légèrement huilé ou recouvert d'une feuille de papier sulfurisé.

Galettes roulées au saumon fumé

Préparation : 15 min **Réfrigération** : 1 h **Cuisson** : Pas de cuisson **4 personnes**	2 grandes galettes aux flocons d'avoine (cf. recette) | 4 grandes tranches de saumon fumé | 100 g d'œufs de saumon (ou d'œufs de lump) | 2 tomates moyennes | 2 carrés frais demi-sel (environ 150 g) | 100 g de fromage blanc à 0 % de MG | 1 petite botte de ciboulette

• Coupez les tomates en deux et pressez-les pour éliminer l'eau et les graines. Coupez alors la chair en tout petits dés. Écrasez le fromage frais demi-sel à la fourchette et incorporez-y le fromage blanc, les dés de tomate, la moitié des œufs de saumon (ou de lump) et la ciboulette ciselée (réservez quelques brins pour la décoration).

• Coupez les bords de chaque galette pour obtenir deux grands carrés. Déposez deux tranches de saumon fumé par galette et étalez la préparation au fromage frais par-dessus. Roulez les galettes bien serrées et enveloppez chacune dans un film alimentaire. Réservez au moins 1 heure au réfrigérateur. Retirez alors le film des rouleaux de galette et coupez chacun en quatre tronçons.
• Servez-les bien frais garnis des œufs de saumon (ou de lump) restants et décorés de brins de ciboulette ciselée. Proposez ces galettes à l'apéritif ou en entrée accompagnées de pousses d'épinard citronnées.

Écoutez votre faim

Une prise de poids peut parfois avoir comme origine une mauvaise observation de ses sensations alimentaires les plus basiques. Confondre la faim et l'envie de manger est très fréquent. Il faut alors essayer de vous concentrer en passant à table pour ne manger que si vous avez faim (sensation de ventre vide, esprit un peu embrumé, manque de concentration…) et tentez de percevoir la sensation apaisante d'être rassasié pour vous arrêter naturellement de manger et vous lever de table, demander l'addition ou ranger votre sandwich. Manger à sa faim ne signifie pas manger au-delà de sa faim…

Galettes aux fruits de mer

Préparation : 30 min **Cuisson** : 20 min **4 personnes**	4 galettes légères au son d'avoine (cf. recette) | une petite dizaine de noix de pétoncle surgelées | 1 noix de beurre (15 g) | 16 crevettes roses décortiquées | 500 g de moules de bouchot | 25 cl de crème fraîche allégée à 15 % de MG | 10 cl de vin blanc | sel | poivre

• Grattez les moules sous un filet d'eau froide, mettez-les dans une casserole avec le vin blanc. Couvrez et faites cuire à feu très vif pour les faire ouvrir. Égouttez-les, filtrez le jus et transvasez-le dans une casserole en y ajoutant la crème allégée et laissez cuire doucement pour obtenir une sauce onctueuse.

• Éliminez les coquilles des moules et faites sauter les noix de pétoncle dans le beurre. Ajoutez tous les fruits de mer à la sauce, salez, poivrez. Garnissez les galettes avec cette préparation et repliez-les pour former des « coussinets ».

• Servez aussitôt, et accompagnez par exemple de légumes de saison finement émincés et revenus dans le jus des noix de pétoncle.

Galettes au saumon et à l'avocat

Préparation : 20 min **Cuisson** : 15 min **4 personnes**	4 galettes aux flocons d'avoine (cf. recette) | 2 grandes tranches de saumon fumé | 1 avocat | 50 g de pousses d'épinard | 1 échalote | 1 cuil. à soupe d'huile d'olive | 1 cuil. à café de moutarde | 1 cuil. à soupe de vinaigre (de cidre de préférence) | sel | poivre

• Préparez une vinaigrette avec l'huile d'olive, le vinaigre, l'échalote hachée, la moutarde, du sel et du poivre. Découpez la pulpe de l'avocat en petits cubes et arrosez-les avec la sauce vinaigrette. Découpez le saumon en petits morceaux.

• Déposez à plat les galettes et garnissez-les en les couvrant de feuilles d'épinard, des dés de saumon et de l'avocat. Roulez les galettes serrées et découpées-les en petits tronçons.

• Servez en apéritif, en entrée ou emportez-les enroulées dans du film alimentaire pour un pique-nique ou un repas sur le pouce.

Galettes aux champignons et au jambon

Préparation : 35 min **Cuisson** : 40 min **4 personnes**	4 galettes aux flocons d'avoine (cf. recette) | 3 tranches épaisses de jambon blanc dégraissé découenné | 250 g de champignons de Paris en boîte | 50 cl de lait écrémé | 30 g de Maïzena | 1 cuil. à soupe d'huile d'olive | sel | poivre | noix de muscade

• Délayez à froid la Maïzena avec un peu de lait. Faites chauffer pendant ce temps le restant de lait et versez petit à petit sur la Maïzena. Portez à ébullition sans cesser de remuer, puis ajoutez-y sel, poivre et noix de muscade. Réservez au chaud cette sauce béchamel.

• Préchauffez le four à 120 °C (th. 4). Coupez le jambon en fins bâtonnets, égouttez les champignons de Paris et faites-les revenir 5 minutes dans une poêle à revêtement antiadhésif avec la cuillerée d'huile d'olive. Salez, poivrez, ajoutez les lamelles de jambon et poursuivez la cuisson encore 5 minutes. Versez le tout dans la sauce béchamel et mélangez bien. Garnissez le centre de chaque galette de cette préparation. Roulez-les, mettez-les dans un plat à four et enfournez une quinzaine de minutes.

Un bon investissement : le blender

Blender ou mixeur sont fortement conseillés en cuisine « minceur », non seulement pour obtenir des boissons peu sucrées ou des soupes onctueuses, mais aussi pour mélanger les différents sons, surtout d'avoine, les flocons de céréales et les farines diverses et variées : la « texture » sera ainsi fine, malléable et permettra d'éviter les grumeaux dans de nombreuses préparations.

Gâteau aux légumes

Préparation : 40 min **Cuisson** : 35 min **4 personnes**	1 grosse tranche de potiron (environ 400 g) | 200 g de brocolis | 40 g de pousses d'épinard | 120 g de farine | 50 g de son d'avoine | 2 cuil. à soupe de fromage blanc à 0 % de MG | 6 œufs | 2 petites gousses d'ail | 2 pincées de curry | 1 grosse pincée de muscade | 10 g de beurre | 4 cuil. à soupe d'huile d'olive | 2 cuil. à soupe de vinaigre de xérès | 1 petite échalote | ½ bouquet de cerfeuil | sel | poivre

• Coupez les deux tiers du potiron en gros cubes et faites-les cuire à la vapeur avec l'ail épluché pendant environ 15 minutes. Réduisez l'ensemble en purée.

Faites revenir les feuilles d'épinard à la poêle dans une noisette de beurre. Préparez une vinaigrette que vous réserverez au frais avec l'huile d'olive, le vinaigre, l'échalote hachée, un peu de sel et de poivre.

• Faites cuire à peine 3 minutes à la vapeur le tiers du potiron restant coupé en petits dés. Salez, poivrez et réservez. Faites cuire également le brocoli à la vapeur 10 minutes et mixez-le en purée avec le fromage blanc. Ajoutez deux jaunes d'œufs (gardez les blancs pour la suite de la recette), 30 g de farine, 20 g de son d'avoine, le curry, un peu de sel et du poivre. Incorporez les autres jaunes d'œufs (gardez également les blancs pour la suite de la recette), la muscade, le reste de la farine et le reste du son d'avoine à la purée de potiron. Salez, poivrez.

• Montez les blancs d'œufs en neige et incorporez-en les deux tiers à la purée de potiron et le tiers restant à la purée de brocoli. Glissez les épinards et les dés de potiron dans les deux purées. Séparez la purée de potiron en deux. Faites dorer les trois purées ainsi obtenues dans une poêle à revêtement antiadhésif légèrement huilée avec du papier absorbant. Superposez-les sur un plat en commençant par une crêpe à la purée de potiron, puis la crêpe au brocoli et finissez par de nouveau celle au potiron.

• Coupez ce « gâteau » de crêpes en quatre et servez chaque portion accompagnée de la vinaigrette. Pour un plat complet, proposez des tranches de jambon blanc.

Tarte gourmande aux légumes grillés

Préparation : 40 min **Cuisson** : 55 min **4 personnes**	1 boule de pâte à tarte au son d'avoine (cf. recette) | 1 petite aubergine | 1 petit poivron rouge | 1 petit poivron jaune | 2 tomates | 150 g de petits champignons de Paris en boîte | 2 fonds d'artichaut cuits (en conserve) | 2 branches de basilic | huile d'olive | farine | sel | poivre

• Préchauffez le four en position gril et préparez les légumes : coupez l'aubergine et les fonds d'artichaut en cubes, épépinez et coupez les poivrons en fines lamelles, coupez les tomates en quartiers, égouttez les champignons.

• Recouvrez la plaque du four d'un papier d'aluminium et déposez dessus les aubergines et les poivrons. Arrosez avec une cuillerée à soupe d'huile d'olive, salez, poivrez et laissez griller au four une quinzaine de minutes. Sortez la plaque du four et ajoutez les fonds d'artichaut, les tomates et les champignons. Arrosez du reste de l'huile d'olive, salez, poivrez, retournez les aubergines, les poivrons et poursuivez la cuisson 15 minutes.

• Étalez la pâte sur un plan de travail légèrement fariné, piquez-la et déposez-la dans un moule à tarte à revêtement antiadhésif légèrement beurré ou recouvert d'une feuille de papier sulfurisé. Retirez les légumes du four, mettez ce dernier à 180 °C (th. 6). Mélangez les légumes dans un saladier et versez-les sur le fond de tarte au son. Recouvrez d'une feuille de papier sulfurisé et enfournez pour 25 à 30 minutes environ.

• Servez chaud avec les feuilles de basilic en décoration.

Misez sur tous les poissons, même les gras !

La plupart des poissons sont moins gras que les viandes : le cabillaud, la morue, le lieu, la sole ou la dorade apportent moins de 5 % de matière grasse. Cependant, certains poissons apportent autant de gras, voire plus, que la plupart des viandes : c'est le cas du saumon (utilisé ici dans ce chapitre de « galettes »), du maquereau, des sardines…

Mais ne les négligez surtout pas ! Ces poissons gras contribuent à notre santé en apportant des acides gras de type oméga 3, acides gras essentiels particulièrement bénéfiques pour le cœur et les vaisseaux sanguins. Et dans une alimentation visant à contrôler son poids ? Également, car non seulement les fibres solubles des recettes vont piéger certaines graisses, mais même celles qui seront absorbées gardent un intérêt : ces oméga 3 sont également de véritables antidépresseurs qui limitent ainsi les grignotages liés à l'humeur.

Tarte aux coings et au poulet

Préparation : 20 min **Cuisson** : 55 min **4 personnes**	1 boule de pâte à tarte légère au son d'avoine (cf. recette) | 2 coings | 200 g de potimarron | 2 escalopes de poulet (200 g en tout) | 1 cuil. à soupe d'huile d'olive | 2 œufs | 10 cl de lait demi-écrémé | 20 g de crème fraîche allégée à 15 % de MG | 1 pincée de piment de Cayenne | quelques cerneaux de noix concassés | farine

• Préchauffez le four à 180 °C (th. 6). Faites cuire 10 minutes les coings et le potimarron coupés en dés dans une casserole contenant 15 cl d'eau salée. Faites dorer 5 minutes environ les escalopes, préalablement coupées en cubes et saupoudrées de piment, dans une poêle à revêtement antiadhésif avec l'huile d'olive.
• Étalez la pâte sur un plan de travail légèrement fariné et faites-la cuire dans une petite poêle à revêtement antiadhésif à peine 5 minutes. Déposez-la dans un moule à tarte à revêtement antiadhésif légèrement beurré ou recouvert d'une feuille de papier sulfurisé.
• Battez les œufs avec le lait et la crème allégée, ajoutez-y le poulet, les légumes et répartissez ce mélange sur la pâte à tarte. Enfournez pour 20 à

25 minutes et parsemez des noix concassées avant de servir ce plat complet avec, par exemple, une salade verte ou des crudités.

Tarte aux courgettes et au curcuma

Préparation : 20 min **Cuisson** : 45 min **4 personnes**	1 boule de pâte à tarte au son d'avoine (cf. recette) | 500 g de petites courgettes bien fermes | 3 œufs | 200 g de fromage blanc battu à 0 % de MG | 20 cl de lait écrémé ou demi-écrémé | 1 cuil. à soupe de curcuma (ou de curry) | 1 pointe de piment de Cayenne | 1 gousse d'ail | 1 cuil. à soupe d'huile d'olive | 40 g de cheddar râpé (ou autre fromage) | farine | sel | poivre

• Préchauffez le four à 180 °C (th. 6). Lavez et découpez les courgettes en fines rondelles sans les éplucher, et faites-les revenir dans une poêle à revêtement anti-adhésif avec l'huile d'olive. Ajoutez le curcuma, l'ail haché et laissez cuire à feu moyen une dizaine de minutes en remuant de temps en temps pour que la préparation n'attache pas.

• Pendant ce temps, battez les œufs en omelette avec le fromage blanc, le lait, le piment, un peu de sel et de poivre. Ajoutez en remuant les courgettes. Étalez la pâte sur un plan de travail légèrement fariné, piquez-la et déposez-la dans un moule à tarte à revêtement anti-adhésif légèrement beurré ou recouvert d'une feuille de papier sulfurisé. Versez dessus le contenu du saladier en répartissant bien les rondelles de courgette et en parsemant de cheddar. Enfournez pour 35 minutes environ et servez bien chaud.

Tatin d'oignon, miel et poulet

Préparation : 25 min **Cuisson** : 35 min **4 personnes**	1 boule de pâte à tarte au son d'avoine (cf. recette) | 1 kg d'oignons rouges | 2 escalopes de poulet (200 g environ) | 2 cuil. à soupe de miel | 3 cuil. à soupe d'huile d'olive | 1 belle pincée de gingembre en poudre | sel | poivre

• Préchauffez le four à 180 °C (th. 6). Pelez et émincez les oignons rouges. Découpez les escalopes en fines lanières et faites-les revenir dans une poêle à revêtement antiadhésif avec une cuillerée à soupe d'huile d'olive. Dans une autre poêle à revêtement antiadhésif, faites revenir à feu doux avec l'huile d'olive restante les oignons, le miel, le gingembre, du sel et du poivre. Laissez caraméliser l'ensemble.

• Au fond d'un moule à tarte à revêtement antiadhésif légèrement huilé ou recouvert d'une feuille de papier sulfurisé, disposez le contenu des deux poêles. Étalez la pâte sur un plan de travail légèrement fariné, piquez-la et recouvrez l'ensemble des ingrédients déposés dans le moule à tarte. Enfournez et faites cuire environ 25 minutes. Retournez sur un plat de service à la sortie du four et servez aussitôt.

En semaine, réalisez une petite balade digestive

Dans un parc ou un espace vert en ville, les couleurs des parterres de fleurs ou des arbustes apaisent et permettent de faire une pause anti-stress relaxante et oxygénante. En faisant également le plein de lumière dans la journée, le soir venu, vous sécrétez plus facilement des hormones pourvoyeuses de sommeil. Inutile de vous mettre sous l'abat-jour du salon, la lumière artificielle n'est pas assez intense pour recharger les batteries. Par conséquent, pensez à faire un petit tour dehors chaque jour, et de préférence à l'heure du déjeuner où l'ensoleillement est maximal. Vous lutterez également ainsi contre la sédentarité en bougeant quotidiennement.

Recettes de tartes, crêpes et gaufres sucrées

Pâte à gaufres au son d'avoine

Préparation : 12 min **Cuisson** : 3 min par gaufre **4 personnes**	6 œufs | 2 sachets de sucre vanillé | 15 cuil. à soupe de fromage blanc à 0 % de MG | 15 cuil. à soupe de son d'avoine | 4 cuil. à soupe de lait écrémé ou demi-écrémé

• Dans un saladier, battez les œufs, le sucre vanillé et le fromage blanc à la fourchette. Ajoutez le son d'avoine et mélangez à nouveau. Le mélange ne doit pas faire de grumeaux, et vous pouvez le délayer avec une autre cuillerée de fromage blanc ou de lait s'il vous semble trop épais.

• Graissez un gaufrier, versez-y trois à quatre cuillerées à soupe de la préparation et faites cuire pendant 2 à 3 minutes pour chaque gaufre.

Un régime à 1 000 kcal ? Une vraie aberration !

Avez-vous déjà tenté de partir en voyage avec seulement 2 ou 3 litres d'essence dans le réservoir de votre voiture ? Vous risquez de tomber vite en « panne » sèche. Eh bien, en suivant un régime à 1 000 kcal par jour, c'est la même chose. Indépendamment de votre volonté, il faut bien que le cœur batte, le foie fonctionne, les poumons travaillent, les reins « filtrent »... C'est ce que l'on nomme le métabolisme de base, c'est-à-dire les dépenses énergétiques minimales et obligatoires liées à l'entretien et à la vie de toute personne. Elles sont estimées quotidiennement à environ 1 200 kcal pour une femme et 1 400 pour un homme. Descendre en dessous, c'est stresser le corps qui au début se laisse surprendre, puis petit à petit réadapte ses dépenses vis-à-vis de ce que vous lui apportez en terme d'énergie, donc de calories. Le métabolisme de base diminue alors, mais aussi votre envie de faire de l'activité physique, car votre corps vous apprend à économiser, donc à moins dépenser. Résultat, on ne maigrit plus, voire on regrossit au moindre écart.

Pâte à crêpes au son d'avoine

Préparation : 5 min **Cuisson** : 2 à 3 min par crêpe **4 personnes**	4 cuil. à soupe de son de blé | 8 cuil. à soupe de son d'avoine | 20 cuil. à soupe de lait écrémé ou demi-écrémé | 4 œufs | huile

• Mélangez dans un bol le son de blé et le son d'avoine. Ajoutez le lait et les œufs en remuant bien. Huilez une poêle à revêtement antiadhésif avec une goutte d'huile sur un papier absorbant. Faites-y cuire au fur et à mesure la pâte en prenant soin de bien l'étaler pour qu'elle soit fine, puis retournez-la à l'aide d'une spatule et faites cuire l'autre côté.

Pâte à tarte au son d'avoine - version sucrée

Préparation : 15 min **Cuisson** : Pas de cuisson (prévoir ensuite pour la confection des tartes environ 35 min) **4 personnes**	2 cuil. à soupe de son de blé | 4 cuil. à soupe de son d'avoine | 3 cuil. à soupe de Maïzena | 2 cuil. à café rase de levure | 1 noix de beurre fondu | 100 g de fromage blanc à 0 % de MG | 2 cuil. à soupe de sucre en poudre ou d'édulcorant (suivant les goûts et les « régimes »)

• Passez au mixeur pendant 1 minute environ le son de blé et le son d'avoine. Mettez-les dans un sachet de congélation et ajoutez la Maïzena et la levure, puis mélangez le tout jusqu'à obtenir une poudre homogène.
• Déposez le contenu du sachet dans une assiette creuse et faites un puits pour y ajouter le beurre fondu, le sucre et la moitié du fromage blanc. Malaxez le tout

jusqu'à obtenir une pâte sablonneuse et rajoutez le reste du fromage blanc. Pétrissez jusqu'à obtenir une grosse boule ou boudin.

• Aplatissez la pâte avec un rouleau ou une bouteille et tapissez-la avec les doigts dans un moule à tarte légèrement huilé ou recouvert d'une feuille de papier sulfurisé.

Pâte à tarte aux flocons d'orge

Préparation : 5 min **Cuisson** : Pas de cuisson (prévoir ensuite pour la réalisation des tartes environ 35 min) **4 personnes**	150 g de flocons d'orge (ou d'avoine pour dépanner) | 50 g de son d'avoine | 15 cl d'eau | 4 cuil. à soupe de farine | 1 zeste de citron (bio ou non traité) | 1 pincée de sel

• Mélangez rapidement tous les ingrédients, étalez aussitôt en tassant bien dans un moule à tarte légèrement huilé ou recouvert d'une feuille de papier sulfurisé.

• Vous pouvez ensuite garnir cette pâte selon votre choix pour confectionner des tartes sucrées ou salées en la faisant cuire à four moyen (180 °C – th. 6) environ 35 minutes.

Tarte au fromage blanc

Préparation : 30 min **Réfrigération** : 1 h 30 **Cuisson** : 50 min **4 personnes**	1 boule de pâte à tarte au son d'avoine version sucrée (cf. recette) | 200 g de fromage blanc à 0 ou 20 % de MG | 50 g de sucre en poudre ou d'édulcorant (suivant les goûts et les « régimes ») | 2 œufs | 1 cuil. à soupe de lait demi-écrémé | 15 g de Maïzena | 1 cuil. à soupe de farine | 1 gousse de vanille | beurre | sel

• Étalez la pâte sur un plan de travail légèrement fariné, piquez-la et déposez-la dans un moule à tarte à revêtement antiadhésif légèrement beurré ou recouvert d'une feuille de papier sulfurisé. Réservez au réfrigérateur 1 heure 30 minutes.

• Dans un bol, mélangez la Maïzena, la farine et une pincée de sel. Réservez. Préchauffez le four à 180 °C (th. 6). Grattez l'intérieur de la gousse de vanille avec un couteau au-dessus d'un saladier. Séparez les blancs des jaunes d'œufs et versez ces derniers dans le saladier contenant la vanille. Ajoutez-y le fromage blanc, le mélange farine-Maïzena, le sucre (ou l'édulcorant) et le lait. Battez bien à la fourchette pour lisser le mélange.

• Montez les blancs en neige avec une pincée de

sel et incorporez-les délicatement dans le saladier. Répartissez ce mélange crémeux obtenu sur le fond de pâte. Enfournez et faites cuire 45 minutes jusqu'à ce que la surface dore. Laissez refroidir et démoulez.

Quelques astuces pour déjouer les pièges de la faim

En dehors d'augmenter sa consommation de fibres solubles, il existe d'autres astuces qui permettent de limiter les prises alimentaires intempestives. Ainsi, pour résister aux grignotages, lavez-vous les dents après chaque repas. Le goût frais du dentifrice vous évitera de succomber. Vous pouvez également essayer une astuce connue des Musulmans pendant le ramadan : respirez un mélange de vanille, cannelle et clou de girofle qui apaiserait la sensation de faim, en faisant diversion. Pensez également à rester au moins 20 minutes à table : au-dessous, le cerveau n'enregistre pas le message de l'estomac qui lui signifie qu'il est rassasié. Gare à la fringale quelques heures plus tard. N'oubliez pas non plus de boire un verre d'eau. Avec zéro calorie au compteur, l'eau reste le meilleur allié minceur. Préférez-la plate et à température ambiante. Surtout, n'hésitez pas à consommer une pomme ou un petit morceau de pain au son avec ce verre d'eau, car ce dernier va augmenter le volume de ces aliments riches en fibres et vous donnera un sentiment de satiété immédiat.

Crêpes croustillantes aux fruits

Préparation : 35 min **Réfrigération** : 30 min **Cuisson** : 30 min **4 personnes**	1 pâte à crêpes au son d'avoine (cf. recette) | 1 à 2 cuil. à soupe d'eau de fleur d'oranger | 2 pommes | 1 orange non traitée | 2 poires | 1 sachet de sucre vanillé | 2 cuil. à soupe de sucre glace | huile

• Ajoutez dans la pâte à crêpes au son d'avoine l'eau de fleur d'oranger et faites reposez la pâte au réfrigérateur une trentaine de minutes. Préchauffez le four à 90 °C (th. 3). Râpez finement le zeste de l'orange, puis pressez le fruit pour en extraire le jus. Pelez les pommes et les poires, coupez-les en quatre et éliminez le cœur et les pépins. Découpez la pulpe des fruits en très petits dés et faites-les cuire à feu doux pendant une vingtaine de minutes dans une casserole avec le zeste, le jus d'orange et le sucre vanillé.

• Faites cuire la pâte en petites crêpes dans une petite poêle à revêtement antiadhésif légèrement huilée avec du papier absorbant. Déposez les petites crêpes sur une grande feuille de papier sulfurisé et glissez-les dans le four une dizaine de minutes juste pour les rendre croustillantes. Confectionnez des « petits millefeuilles » de crêpes garnis avec la compote de fruits et saupoudrez de sucre glace avant de servir.

Terrine de crêpes aux pommes et caramel de cidre

Préparation : 30 min **Réfrigération** : 12 min **Cuisson** : 15 min **4 personnes**	6 grandes crêpes réalisées avec la pâte à crêpes au son d'avoine (cf. recette) | 5 pommes | 1 cuil. à soupe de cassonade | 60 g de sucre en poudre | 20 g de beurre | 5 cl de calvados | 10 cl de cidre | 5 cl de crème fraîche allégée liquide à 15 % de MG

• La veille, épluchez les pommes et coupez-les en rondelles. Faites fondre le beurre dans une poêle à revêtement antiadhésif et saisissez les rondelles de pomme. Saupoudrez de cassonade et laissez caraméliser doucement. Versez le calvados et faites flamber. Retirez du feu.

• Chemisez, c'est-à-dire recouvrez le fond et les bords d'un moule à terrine, avec un film alimentaire étirable, puis avec deux crêpes. Montez ensuite la terrine jusqu'en haut en alternant une couche de pommes et deux de crêpes. Placez la terrine au frais pour au moins 12 heures.

• Le jour même, versez le sucre dans une casserole et faites cuire doucement jusqu'à obtention d'un caramel ambré. Retirez du feu et versez la crème et le cidre.

Remettez sur feu très doux et fouettez pendant quelques secondes. Retirez à nouveau du feu. Démoulez la terrine, coupez-la en tranches et servez avec le caramel de cidre encore tiède.

Les vertus du sucre

Tordons le cou aux idées reçues : le sucre n'est pas si diabolique que ça, même lorsque l'on veut mincir. D'abord parce que c'est un excellent anti-stress : si on fond sur le sucre au moindre souci, ce n'est pas par hasard. Le sucre augmente en effet l'absorption au niveau du cerveau d'une protéine, le tryptophane, qui participe à l'élaboration d'un neuromédiateur, la sérotonine, véritable hormone apaisante. Le sucre est également l'aliment plaisir par excellence : le goût sucré est le seul qui soit inné chez le nourrisson, car il ne reconnaît que l'élément qui va l'aider à développer son système nerveux. Du coup, on sait qu'il existe un lien entre le plaisir et la prise d'aliments sucrés. Un régime est souvent vécu comme restrictif, triste et démoralisant si on n'y inclut pas la saveur sucrée. Consommer du sucre représente également une des meilleures façons de diminuer les graisses… C'est le système des vases communicants. Plus on consomme de sucres, bien sûr de préférence ceux qui sont dits complexes (pâtes, riz, légumes secs…), moins on laisse le gras envahir nos assiettes. Or ce dernier est deux fois plus calorique que le sucre (9 kcal par gramme contre 4) et plus désastreux pour les artères.

Tarte au potiron

Préparation : 30 min **Cuisson** : 45 min **4 personnes**	1 boule de pâte à tarte aux flocons d'orge (cf. recette) | 200 g de potiron | 1 cuil. à soupe bombée de cannelle en poudre | 1 grosse orange | 2 œufs | 25 cl de crème fraîche allégée à 15 % de MG | 120 g de sucre en poudre (ou 20 g d'édulcorant suivant les goûts et le « régime ») | 1 cuil. à soupe de sucre glace | farine | beurre

• Épluchez le potiron et coupez-le en dés. Mettez-les dans une casserole avec 80 g de sucre (ou 15 g d'édulcorant en poudre), le jus de l'orange et couvrez d'eau à niveau. Faites cuire à feu doux en remuant régulièrement jusqu'à ce que le potiron caramélise. Laissez tiédir. Passez au mixeur pour obtenir une purée fine. Préchauffez le four à 180 °C (th. 6).

• Étalez la pâte sur un plan de travail légèrement fariné, piquez-la et déposez-la dans un moule à tarte à revêtement antiadhésif légèrement beurré ou recouvert d'une feuille de papier sulfurisé.

• Dans un saladier, fouettez la crème avec les œufs, le sucre restant (ou l'édulcorant) et la cannelle. Ajoutez la purée de potiron et mélangez bien avant de verser cette préparation sur le fond de tarte. Enfournez pour 20 à 25 minutes environ. Démoulez, laissez refroidir et servez après avoir saupoudré de sucre glace.

Gaufres à la mangue

Préparation : 30 min **Cuisson** : 30 min **4 personnes**	1 petit saladier de pâte à gaufres au son d'avoine | 2 grosses mangues | 2 oranges | 200 g de fromage blanc à 0 ou 20 % de MG | 2 sachets de sucre vanillé | 1 à 2 cuil. à soupe de sirop de grenadine

• Éliminez la peau et le noyau des mangues. Coupez la pulpe en petits cubes. Pressez les oranges pour en extraire le jus. Versez le tout dans une casserole à fond épais, et laissez cuire doucement pour obtenir une compote bien ferme. À la fin de la cuisson, ajoutez la grenadine.

• Fouettez le fromage blanc avec le sucre vanillé et incorporez la compote de mangues en fouettant fortement. Faites cuire les gaufres et versez la préparation à la mangue avant de servir.

Soignez les petits déjeuners et les collations éventuelles

À jeun depuis la veille au soir, le corps a besoin de forces pour démarrer la journée. Si vous négligez le petit déjeuner, vous allez imposer au corps des coups de pompe et l'envie à l'organisme de faire des réserves de graisses ! Sa base doit être les sucres complexes bien sûr, sous forme de produits céréaliers « complets » (pain au son, galettes, les recettes de ce chapitre), accompagnés d'un fruit (pour les vitamines, les fibres et les sucres de bonne qualité), d'un laitage (pour les protéines et le calcium), d'une boisson comme le thé (pour réhydrater l'organisme) et d'un peu de sucre (confiture, miel, compote…) pour le plaisir et l'effet starter. En collation, rien ne vaut les fruits, n'importe quels fruits, même la banane, si riche en magnésium, en vitamines B et en fibres. Vous pouvez également, en fonction du repas du midi ou de celui du soir, vous laisser tenter par une recette de ce chapitre.

Recettes d'entrées

Soupe de potiron aux moules

Préparation : 30 min **Cuisson** : 1 h **4 personnes**	1 litre de moules | 750 g de potiron | 15 cl de crème fraîche allégée à 15 % de MG | 10 cl de lait écrémé ou demi-écrémé | 20 g de beurre | 2 échalotes | 1 cuil. à soupe de curry en poudre | 2 brins de cerfeuil | sel | poivre

• Faites bouillir dans un faitout un verre d'eau et versez-y les moules préalablement grattées et nettoyées sous un filet d'eau froide. Couvrez, laissez cuire à feu très vif 4 minutes pour les faire ouvrir tout en remuant deux ou trois fois. Égouttez-les, filtrez le jus et transvasez-le dans une casserole.

• Épluchez et taillez le potiron en petits cubes. Faites fondre le beurre dans un faitout et ajoutez les dés de potiron et les échalotes émincées. Laissez « compoter » 7 à 8 minutes sur feu vif en prenant soin de bien mélanger tout en écrasant la pulpe. Ajoutez-y le jus filtré des moules et laissez mijoter 35 minutes à feu doux. Incorporez la crème, le curry et le lait et continuez la cuisson 5 à 7 minutes. Mixez, salez, poivrez. Versez cette préparation sur les moules décortiquées et légèrement réchauffées. Décorez de cerfeuil.

Velouté de potiron accompagné

Préparation : 20 min **Cuisson** : 45 min **4 personnes**	1 potiron d'environ 1 kg | 2 oignons | 2 gousses d'ail | 30 g de beurre | 1 litre de lait écrémé ou demi-écrémé | 2 yaourts « velouté » | 1 cuil. à soupe de curry | 1 pincée de muscade en poudre | 1 banane | 1 petite courgette | quelques tiges de coriandre | sel | poivre

• Épluchez le potiron et gardez-en un quart. Coupez le reste de la chair en dés. Faites chauffer une noix de beurre dans un grand faitout et faites-y fondre les oignons pelés et hachés, 5 minutes environ sur feu doux. Ajoutez les dés de potiron et l'ail pressé. Mélangez bien et poursuivez la cuisson encore 5 minutes. Ajoutez le lait, salez, poivrez et laissez cuire 30 minutes à couvert.

• Mixez l'ensemble et ajoutez les yaourts. Maintenez au chaud sur feu très doux. Coupez la banane épluchée en rondelles, la courgette en cubes et le reste du potiron en lamelles. Faites revenir le tout dans une poêle à revêtement antiadhésif avec le beurre restant durant 4 à 5 minutes. Salez, poivrez et parsemez de coriandre.

• Servez en accompagnement avec le velouté.

Velouté aux champignons

Préparation : 25 min **Cuisson** : 25 min **4 personnes**	700 g de champignons de saison | 1 petite botte de cresson | 1 oignon | 1 échalote | 1 gousse d'ail | 15 cl de lait écrémé | 1 tomate | 4 œufs | 3 cuil. à soupe de crème fraîche allégée | 100 g de pain d'orge au son d'avoine (ou de pain au son d'avoine) | 1 tablette de bouillon de volaille | 2 cuil. à soupe d'huile d'olive | 2 cuil. à soupe de vinaigre blanc | sel | poivre

• Émincez les champignons préalablement lavés en grosses lamelles. Faites revenir 2 minutes, dans une casserole avec l'huile d'olive, l'oignon et l'échalote émincés. Ajoutez les champignons, salez, poivrez et poursuivez la cuisson 3 minutes à feu vif. Ajoutez le cresson, 1 litre d'eau et la tablette de bouillon. Mélangez bien, couvrez et faites cuire 15 minutes.

• Préchauffez le four à 240 °C (th. 8). Toastez le pain, frottez-le avec l'ail pelé et coupez-le en petits cubes. Mixez les champignons, le cresson et le jus de cuisson avec la crème et le lait. Salez, poivrez et gardez au chaud.

• Faites chauffer 1 litre d'eau avec le vinaigre dans une casserole. Cassez un à un les œufs dans l'eau frémissante. Faites cuire 2 minutes en évitant l'ébullition. Égouttez les œufs pochés à l'aide d'une écumoire et posez-les sur un linge. Versez le velouté dans des bols et garnissez avec les œufs pochés, les croûtons et la tomate coupée en dés.

Crème d'ail au quinoa

Préparation : 10 min **Cuisson** : 25 min **4 personnes**	120 g de graines de quinoa | 50 cl de lait écrémé ou demi-écrémé (ou du lait d'amande pour un goût plus agréable) | 2 œufs | 2 cuil. à soupe d'huile d'olive | 3 gousses d'ail | 2 œufs | quelques branches de persil | 1 cuil. à café de muscade en poudre | sel | poivre

• Pelez et écrasez l'ail et faites-le fondre dans une casserole 5 minutes environ avec l'huile d'olive. Ajoutez 1 litre d'eau, le lait, la muscade, salez, poivrez et portez à ébullition. Versez alors le quinoa en pluie et mélangez bien. Laissez mijoter 20 minutes en remuant souvent.

• Juste avant de servir, battez les œufs en omelette et incorporez-les en filet dans la soupe en fouettant énergiquement. Servez parsemé de persil ciselé.

Ne supprimez surtout pas complètement les graisses pour perdre du poids

Si manger moins gras est la base de tout plan alimentaire lorsque l'on désire maigrir, puisque les graisses représentent les aliments les plus caloriques sous le plus petit volume, les réduire à néant n'est vraiment pas la bonne solution. En effet, les graisses véhiculent des saveurs, de l'onctuosité, des vitamines (dites liposolubles comme la A, la D et la E), des acides gras protecteurs du cœur (les oméga 3 contenus dans les poissons et les huiles végétales de type huile d'olive ou de colza). Trop se limiter en graisses revient donc à placer votre organisme en état de carence et de frustration. D'ailleurs, des patients au régime trop hypolipidique (contenant donc trop peu de graisses) se plaignent souvent de troubles de la mémoire, de l'humeur, de problèmes de peau, d'une fonte musculaire, d'une fatigue intense et d'une sensation de faim tenace. liés à l'absence de ces molécules indispensables et non compensées par ailleurs, ce qui les fait bien souvent grignoter et donc regrossir ! Essayez simplement de vous limiter à l'équivalent d'une cuillerée à soupe d'huile (ou de crème fraîche ou de beurre) par repas et faites attention aux graisses dites « cachées » (charcuteries, fromages, viandes grasses, etc.).

Mangez moins vite

Il faut apprendre à manger lentement. Entre le début de la prise alimentaire influencée par votre sensation de faim et la fin du repas signalée par la satiété, il existe environ une bonne vingtaine de minutes, et ce, quelle que soit la quantité d'aliments ingurgités pendant ce laps de temps. En effet, si vous avalez vos plats de façon fulgurante, vous remplissez votre estomac avant même que les premières molécules provenant de votre alimentation n'atteignent une concentration suffisante pour calmer les centres de la faim et de l'appétit situés dans votre cerveau. Ainsi, en prenant le temps de manger et en mastiquant convenablement vos aliments, vous pouvez diminuer la quantité d'aliments ingérés tout en accélérant la venue de la satiété qui met fin naturellement au repas. Votre digestion en sera également facilitée.

Velouté de pastèque

Préparation : 20 min **Réfrigération** : 3 h **Cuisson** : Pas de cuisson **4 personnes**	4 yaourts « velouté » | 1 grosse pastèque | 1 citron | 2 oignons | 1 gousse d'ail | 100 g de pain d'orge au son d'avoine (ou de pain au son d'avoine) | 2 brins de menthe fraîche | 2 cuil. à soupe d'huile d'olive | quelques gouttes de Tabasco | sel | poivre

• Coupez la chair de la pastèque en cubes et mixez-la avec les oignons émincés, l'ail pelé, les yaourts, l'huile et le jus du citron. Salez, poivrez et assaisonnez de quelques gouttes de Tabasco.
• Parsemez de menthe ciselée et réservez au moins 3 heures au réfrigérateur pour servir glacé avec le pain préalablement toasté et coupé en petits dés.

Crème de lentilles

Préparation : 15 min **Cuisson** : 20 min **4 personnes**	150 g de lentilles vertes du Puy | 1 carotte | 1 petite courgette | 1 oignon | 1 gousse d'ail | 1 cuil. à soupe de vinaigre | 2 cuil. à soupe de crème fraîche allégée | 1 cuil. à soupe de cumin en poudre | cerfeuil | persil | sel | poivre

• Placez dans l'autocuiseur les lentilles avec les autres légumes coupés en morceaux, l'oignon et l'ail pelé et faites cuire l'ensemble dans 1 litre d'eau salée environ 15 minutes.
• Mixez finement. Allongez si nécessaire avec un peu d'eau. Salez, poivrez, ajoutez le cumin et le vinaigre. Remettez à cuire quelques minutes jusqu'à obtenir une consistance onctueuse. Délayez avec la crème allégée et servez en parsemant de cerfeuil et de persil.

Terrine d'avocat et concombre

Préparation : 30 min **Réfrigération** : 12 min **Cuisson** : Pas de cuisson **4 personnes**	2 petits avocats | 1 concombre | 2 tomates | 1 citron | 150 g de fromage blanc à 0 % de MG | 100 g de fromage de chèvre frais type Chavroux | 5 cl de crème fraîche allégée | 5 cl de lait écrémé | 1 cuil. à café bombée d'agar-agar (4 g) | sel | poivre

• Coupez les deux tiers du concombre en fines tranches et le restant en petits dés. Saupoudrez-les de sel et réservez une vingtaine de minutes. Ébouillantez quelques secondes les tomates pour mieux les peler. Épépinez-les, coupez-les en dés, saupoudrez-les de sel et réservez également une vingtaine de minutes.

• Délayez la poudre d'agar-agar dans le lait et ajoutez la crème. Portez le tout à ébullition. Prélevez la chair des avocats et mixez-la avec le jus du citron. Salez, poivrez et ajoutez la moitié de la préparation crème, lait et agar-agar en mélangeant vivement. Écrasez le fromage de chèvre à la fourchette en ajoutant le fromage blanc, puis le restant du mélange lait, crème, agar-agar, ainsi que les dés de concombre et de tomate. Salez, poivrez.

• Tapissez un moule à cake de film alimentaire éti-

rable, en laissant les bords retomber largement à l'extérieur. Recouvrez le fond et les parois de tranches de concombre. Remplissez ensuite de la préparation à l'avocat et au fromage de chèvre, en couches, en alternant avec des rondelles de concombre. Rabattez le film et réservez au réfrigérateur au moins 12 heures.
• Servez la terrine démoulée et coupée en tranches.

Terrine aux trois légumes

Préparation : 25 min **Réfrigération** : 4 h **Cuisson** : 15 min **4 personnes**	300 g de carottes | 250 g de brocolis | 250 g de chou-fleur | 15 cl de crème fraîche allégée | 3 cuil. à café rase d'agar-agar (6 g) | ½ cube de bouillon de volaille | 1 cuil. à soupe de muscade râpée | sel | poivre

• Faites cuire pendant environ 15 minutes, mais sans les mélanger, les carottes découpées en rondelles, les brocolis et le chou-fleur divisés en « fleurettes ». Réduisez séparément ces légumes en purée. Incorporez dans chacune d'entre elles un peu de crème allégée, de la muscade, du sel et un peu de poivre.
• Dans une casserole, portez à ébullition la poudre d'agar-agar délayée dans 5 cl d'eau avec le demi-cube de bouillon. Répartissez cette préparation de manière équitable dans chacune des purées.

• Tapissez un moule à cake de film alimentaire étirable, en laissant les bords retomber largement à l'extérieur. Remplissez ce moule en étalant successivement les trois purées en couche épaisse et régulière. Lissez la surface. Rabattez les bords du film alimentaire sur le dessus et réservez au réfrigérateur pendant au moins 4 heures.
• Servez en tranches.

Charlotte de poivrons au chèvre frais

Préparation : 30 min **Réfrigération** : 3 h **Cuisson** : 15 min **4 personnes**	100 g de chèvre frais type Chavroux | 300 g de fromage blanc à 0 % de MG | 10 cl de lait écrémé | 2 petits poivrons rouges | 2 petits poivrons jaunes | 50 g d'olives noires dénoyautées | quelques feuilles de thym | 2 cuil. à soupe d'huile d'olive | 1½ cuil. à café d'agar-agar (3 g) | sel | poivre

• Préchauffez le four en position gril du et placez les poivrons à mi-hauteur. Faites-les griller en les retournant jusqu'à ce que leur peau boursoufle et noircisse légèrement. Laissez-les tiédir recouverts d'aluminium. Dans une casserole, diluez la poudre d'agar-agar dans le lait et faites bouillir le tout avec les feuilles de thym. Mixez les olives noires. Pelez et épépinez les poivrons, coupez-les en lanières de 2 cm environ de large, en taillant les extrémités afin d'obtenir des formes rectangulaires.

• Tapissez un moule à charlotte de film alimentaire étirable, ainsi que les côtés, en laissant les bords retomber largement à l'extérieur. Tapissez ce moule des lanières de poivron en les disposant transversalement et en alternant les rouges et les jaunes, tout en les faisant remonter le long des parois.

• Dans un saladier, écrasez le fromage de chèvre avec le fromage blanc, ajoutez le lait infusé au thym, l'huile et les olives mixées. Salez, poivrez et remplissez le moule de cette farce. Couvrez avec le film alimentaire qui dépasse (ou ajoutez un autre film pour recouvrir), tassez bien et réservez au réfrigérateur au moins 3 heures. Servez en tranches.

Terrine de saumon aux asperges vertes

Préparation : 30 min **Réfrigération** : 4 h **Cuisson** : 40 min **4 personnes**	3 tranches de saumon frais | 1 botte d'asperges vertes | 1 oignon | 2 échalotes | 1 petite botte de ciboulette | 1 bouquet garni (thym, laurier, persil) | 50 cl de vin blanc sec | 1½ cuil. à café d'agar-agar (3 g) | 2 clous de girofle | sel | poivre

• Faites bouillir une vingtaine de minutes le vin blanc, 50 cl d'eau, l'oignon coupé en deux, les échalotes fendues en deux, le bouquet garni, les clous de girofle, un peu de sel et de poivre. Ajoutez-y le saumon et laissez pocher à couvert une dizaine de minutes. Retirez les tranches de saumon, filtrez le bouillon, faites-y dissoudre la poudre d'agar-agar et reportez ce bouillon à ébullition. Pelez les asperges et rincez-les soigneusement. Faites-les cuire à la vapeur une vingtaine de minutes.

• Tapissez un moule à cake de film alimentaire étirable, en laissant les bords retomber largement à l'extérieur. Déposez dans le fond de longs brins de ciboulette, puis une couche d'asperges. Répartissez ensuite la moitié du saumon préalablement émietté, ajoutez une autre couche d'asperges, terminez par du saumon et de la ciboulette. Versez enfin le bouillon délicatement. Laissez reposer au réfrigérateur au moins 4 heures.

• Démoulez en retournant le moule sur une planche et découpez la terrine en fines tranches. Servez avec une vinaigrette aux herbes fraîches.

Recettes de viandes

Terrine de poulet en gelée d'estragon

Préparation : 20 min **Réfrigération** : 5 h **Cuisson** : 1 h **4 personnes**	4 cuisses de poulet | 4 carottes | 1 oignon | 1 blanc de poireau | 1 branche de céleri | 2 clous de girofle | 1 bouquet d'estragon | 1 cuil. à café bombée d'agar-agar (4 g) | 50 cl de vin blanc sec | sel | poivre moulu

• Pelez l'oignon et piquez-le avec les clous de girofle. Fendez le poireau en quatre dans sa longueur, pelez les carottes et éliminez les fils de la branche de céleri. Déposez les cuisses de poulet dans une cocotte, ajoutez les légumes, salez, poivrez puis versez le vin blanc et la même quantité d'eau. Laissez cuire à petits bouillons pendant 1 heure environ.

• Égouttez le poulet et les légumes et recueillez le jus. Effilochez la chair des cuisses de poulet en ayant retiré la peau et l'os. Dans un saladier, mélangez les petits morceaux obtenus avec les légumes découpés en petits cubes et l'estragon ciselé. Transvasez dans un moule (ou dans des ramequins individuels). Versez 50 cl

du bouillon de cuisson dans une casserole, ajoutez en mélangeant bien la poudre d'agar-agar et portez à ébullition. Versez cette préparation sur la viande et laissez reposer au moins 5 heures au réfrigérateur pour faire prendre la gelée.
• Dégustez bien frais avec une sauce vinaigrette.

Les viandes maigres existent

Bien entendu, on rencontre des portions de graisse dans la viande, et certaines, comme le mouton ou l'entrecôte, en sont carrément gorgées. Cependant, il existe de nombreux morceaux de viande qui sont maigres. Ainsi :

- pour le bœuf : la bavette, le faux-filet, le filet, la hampe, le jarret, la macreuse, le rosbif, le rumsteck, le tournedos (sans consommer la barde), la viande des Grisons
- pour le veau : le bas de carré, l'escalope, le filet, le jarret, la noix, le rôti
- pour l'agneau : la selle rôtie, le gigot, le collier, le filet
- pour le porc : l'échine, le filet mignon, la côte, le rôti, la charcuterie maigre (jambon blanc, noix de jambon, filet de bacon)
- pour la volaille (attention à la peau) : le poulet, le dindonneau, la pintade, la dinde, le lapin…

Sachez également que les abats (foie, rognons, tripes) sont maigres (moins de 2 % de graisses). Ce sont les sauces qui font la différence !

Terrine de bœuf en gelée

Préparation : 45 min **Réfrigération** : 12 h **Cuisson** : 5 h **4 personnes**	700 à 800 g de bœuf à braiser (gîte, noix, macreuse…) | 1 grosse carotte | 1 gros oignon | 500 g de petites carottes | 1½ cuil. à café d'agar-agar (3 g) | 1 bouquet de persil plat | 1 bouquet d'estragon | 1 bouquet garni (thym, laurier, persil) | 30 cl de vin rouge | 2 cuil. à soupe d'huile d'olive | 3 cuil. à soupe de cognac | 1 clou de girofle | 1 cuil. à café de poivre en grains | 1 cuil. à soupe de quatre-épices | 1 cuil. à soupe de gros sel

• Faites dorer la viande dans une cocotte avec l'huile une quinzaine de minutes. Saupoudrez le quatre-épices et arrosez de cognac. Flambez hors du feu. Ajoutez la grosse carotte coupée en rondelles, l'oignon piqué du clou de girofle, le bouquet garni, le gros sel et les grains de poivre. Versez le vin et suffisamment d'eau pour recouvrir totalement la viande. Laissez cuire à feu doux et à couvert 4 heures environ.

• Retirez alors la viande et filtrez le bouillon. Dégraissez-le puis remettez la viande dans la cocotte avec les petites carottes coupées en rondelles et reversez le bouillon pour poursuivre la cuisson 30 minutes.

Égouttez alors la viande et coupez-la en fines tranches. Retirez également les carottes et ajoutez dans le bouillon encore chaud la poudre d'agar-agar en mélangeant bien. Portez de nouveau ce bouillon à ébullition.

• Tapissez le fond d'une terrine avec la moitié des carottes. Remplissez-la des tranches de viande en les alternant avec les carottes restantes et les fines herbes ciselées. Versez le bouillon tiédi et laissez refroidir. Réservez ensuite au réfrigérateur au moins une douzaine d'heures.

• Servez démoulé et coupé en tranches avec une salade verte et un peu de taboulé d'orge, de semoule complète (boulgour) ou de millet.

Terrine de veau aux herbes

Préparation : 15 min **Cuisson** : 1 h **4 personnes**	600 g de noix de veau | 2 œufs entiers | 2 blancs d'œufs | 4 tranches de pain de mie au son (cf. recette) | 1 à 2 assiettes creuses de lait écrémé | 6 cuil. à soupe de cerfeuil haché | 2 cuil. à soupe de persil haché | huile | sel | poivre

• Faites tremper les tranches de pain de mie dans le lait écrémé tiède et égouttez-les. Hachez la noix de veau, ajoutez-y les œufs battus avec les blancs, le pain de mie écrasé, les fines herbes, salez et poivrez. Préchauffez le four à 180 °C (th. 6). Disposez dans un moule à cake à revêtement antiadhésif légèrement huilé (avec du papier absorbant) et faites cuire au four au bain-marie, environ 1 heure.

• Cette terrine peut se déguster chaude ou froide, avec de la laitue et un peu de salade de riz.

Rôti de porc à la mangue

Préparation : 25 min **Cuisson** : 35 min **4 personnes**	1 kg environ de rôti de porc | 1 belle mangue pas trop mûre | 400 g de potiron | 1 cuil. à soupe de cassonade | 15 cl de vinaigre balsamique | 1 gousse d'ail | 2 échalotes | 1 branche de thym | 3 cuil. à soupe d'huile d'olive | sel | poivre

• Coupez le rôti en gros cubes et faites dorer ces derniers dans deux cuillerées à soupe d'huile. Ajoutez la gousse d'ail pelée, puis le thym. Salez, poivrez, couvrez et laissez cuire à feu doux une trentaine de minutes en retournant fréquemment les morceaux.

• Pendant ce temps, découpez la chair de la mangue en quartiers, celle du potiron en petits cubes et faites-les dorer dans l'huile restante. Saupoudrez de cassonade et lorsque le mélange commence à caraméliser, versez le vinaigre balsamique et laissez réduire en mêlant les cubes de viande délicatement. Salez, poivrez.

• Vous pouvez servir ce plat avec un peu de riz ou de la purée.

Rôti de veau au yaourt épicé

Préparation : 20 min **Réfrigération** : 12 h **Cuisson** : 1 h 45 min	700 à 800 g de sauté de veau | 280 g de millet | 2 citrons | 2 yaourts « velouté » | 3 grosses tomates | 2 oignons | 2 gousses d'ail | 1 cuil. à café de gingembre en poudre | 1 cuil. à café de cumin en poudre | 1 cuil. à café de curcuma | 1 cuil. à soupe d'huile | 2 cuil. à soupe de cacahuètes | 4 brins de coriandre | sel | poivre

• La veille, découpez la viande en cubes, mettez-la dans une jatte en arrosant les morceaux du jus des citrons puis versez les yaourts tout en mélangeant bien l'ensemble. Couvrez et laissez mariner une douzaine d'heures au réfrigérateur.

• Le jour même, faites fondre les oignons hachés 5 minutes à feu doux avec l'huile dans une cocotte. Ajoutez les morceaux de veau préalablement égouttés (prenez bien soin de garder la marinade) et faites revenir une dizaine de minutes à feu doux. Salez, poivrez, ajoutez les épices, les tomates préalablement pelées et hachées, ainsi que les gousses d'ail pressées et pelées. Couvrez et faites mijoter à feu doux et à couvert environ 1 heure 30 minutes, en ajoutant si besoin un peu d'eau en cours de cuisson.

• Pendant ce temps, faites bouillir 75 cl d'eau salée dans une casserole et versez-y le millet. Laissez frémir une vingtaine de minutes environ jusqu'à absorption complète de l'eau. Liez la sauce de la viande avec la marinade, puis chauffez mais sans faire bouillir. Parsemez de cacahuètes grossièrement hachées et de coriandre ciselée. Servez avec le millet.

Au restaurant, choisissez les bonnes sauces

Ne manger que des grillades et des légumes vapeur à midi est une mission peu attrayante et quasi impossible quand on déjeune hors du domicile. Au restaurant, n'hésitez pas à prendre des sauces au vin (l'alcool s'évapore à la cuisson et parfume les plats sans calories supplémentaires), des marinades, des sauces à la provençale, des ragoûts... Sinon, les sauces curry, tomate, moutarde, citron, ketchup, nuoc-mâm, soja, Tabasco, Worcestershire, basilic, yaourt, fumet de poissons et fond de viandes valent toujours mieux que les fritures, gratinés, sautés, sauces au beurre, beignets, mayonnaises et autres sauces à la crème.

Poulet à la basquaise

Préparation : 25 min **Cuisson** : 50 min **4 personnes**	500 à 600 g de blancs de poulet coupés en morceaux | 320 g d'orge mondé précuit | 3 courgettes | 1 poivron jaune | 2 aubergines | 4 grosses tomates | 4 cuil. à soupe d'huile d'olive | 1 branche de thym | gros sel | sel | poivre

• Plongez durant quelques secondes les tomates dans de l'eau bouillante et retirez leur peau. Coupez-les en morceaux, tout comme les autres légumes. Faites-les revenir dans une cocotte à revêtement antiadhésif avec la moitié de l'huile d'olive. Ajoutez le thym, salez, poivrez puis laissez cuire à feu très doux durant une trentaine de minutes, en ajoutant un peu d'eau en cours de cuisson si nécessaire.

• Pendant ce temps, plongez l'orge mondé précuit dans 1,2 litre d'eau froide salée. Portez à ébullition et laissez cuire à feu doux une vingtaine de minutes. Faites chauffer l'huile restante dans une poêle à revêtement antiadhésif et mettez-y à cuire les blancs de poulet tout en remuant régulièrement. Cinq minutes avant la fin de la cuisson des légumes, ajoutez le poulet doré et l'orge égoutté, remuez et terminez la cuisson.

Équilibrez vos repas en divisant vos assiettes

Vos repas ne doivent pas devenir sources d'appréhension, d'inquiétude ou de frustration. Réapprenez tout simplement à les équilibrer en divisant visuellement vos assiettes en trois parties d'égale valeur :

- une sera réservée aux protéines (viandes, poissons, œufs, jambon...) qui sont les éléments qui bâtissent vos cellules et qui entretiennent votre masse active, les muscles ;
- la deuxième aux féculents (riz, pâtes, pommes de terre, semoule, quinoa, légumes secs...) qui vous apportent de quoi tenir le coup et vous évitent les fringales en nourrissant le cerveau (et non les bourrelets si vous ne les noyez pas dans du gras) ;
- et la dernière, aux légumes cuits qui sont sources de fibres (elles calent et ralentissent l'assimilation des graisses et du sucre), en minéraux et en vitamines.

Suivant l'appétit, réservez une place sur la table pour les crudités (salade, fruit, etc.) et les laitages, ainsi qu'à un assaisonnement pouvant comprendre une cuillère à soupe d'huile (olive, noix, colza), de crème (en ayant la main légère) ou de beurre. Avec cette méthode, vous avez l'essentiel et si vous bougez un peu, vous n'aurez pas de kilos superflus.

Lapin à l'orge et au laurier

Préparation : 20 min **Réfrigération** : 2 h **Cuisson** : 20 minutes **4 personnes**	1 lapin coupé en morceaux | 1 litre de lait | 2 clous de girofle | 2 oignons | 1 gousse d'ail | 2 cuil. à soupe d'huile d'olive | 1 carotte | 1 courgette | 1 cube de bouillon de légumes | 2 à 4 feuilles de laurier | 300 g d'orge mondé précuit | sel | poivre | persil haché | 3 brins de thym

• Versez le lait dans un saladier. Ajoutez les clous de girofle, un oignon coupé en rondelles, la gousse d'ail écrasée, la moitié du laurier et le thym. Salez, poivrez. Faites mariner le lapin dans ce lait aromatisé environ 2 heures.

• Faites revenir l'autre oignon émincé dans une poêle à revêtement antiadhésif avec une cuillerée à soupe d'huile d'olive. Ajoutez la carotte et la courgette découpées en fines rondelles. Laissez cuire 3 minutes puis ajoutez l'orge, le cube de bouillon dissous dans deux verres d'eau chaude et le laurier restant. Après une quinzaine de minutes, couvrez et laissez gonfler hors du feu.

• Pendant ce temps, retirez les morceaux de lapin et essuyez-les avec du papier absorbant. Faites-les dorer dans une cocotte à revêtement antiadhésif préalablement huilée avec l'huile restante. Ajoutez la marinade au lait. Faites cuire à feu doux en arrosant régulièrement avec la marinade qui, en cuisant, épaissira et donnera au terme de la cuisson une sauce avec laquelle vous napperez les morceaux de lapin et l'orge.

• Servez l'ensemble saupoudré de persil haché.

Foie de veau sauce au poivre à la purée de millet

Préparation : 20 min **Cuisson** : 50 min **4 personnes**	4 tranches de foie de veau (environ 130 g chacune) | 1 citron | 1 cuil. à café de cassonade | 15 g de beurre | 1 cuil. à soupe d'huile de tournesol | 250 g de millet | 1 petit potimarron | 1 pincée de noix de muscade | 1 petit verre de lait écrémé | 1 cuil. à soupe de vinaigre balsamique | 2 cuil. à soupe de poivre concassé | sel

• Faites bouillir 50 cl d'eau salée dans une casserole et versez-y le millet. Laissez frémir une vingtaine de minutes environ jusqu'à absorption complète de l'eau. Pendant ce temps, découpez la chair du potimarron en petits cubes et faites cuire ces derniers à la vapeur environ 15 minutes. Passez au mixeur le millet et le potimarron égouttés. Ajoutez le lait pour donner une consistance de purée. Salez, poivrez et ajoutez la muscade. Réservez.

• Faites chauffer le beurre et l'huile dans une poêle. Faites-y griller les tranches de foie 3 minutes sur chaque face. Salez-les et mettez-les de côté au chaud. Jetez la graisse de cuisson. Déglacez avec le vinaigre et une cuillerée d'eau. Ajoutez le poivre concassé et la cassonade. Laissez légèrement caraméliser. Versez le jus du citron et faites réduire pendant 2 minutes.

• Réchauffez les tranches de foie dans cette sauce, juste 5 secondes par face, sur feu très doux. Servez-les avec la purée de millet et éventuellement des bouquets de brocolis cuits « al dente » simplement arrosés d'un peu de sauce de soja.

Recettes de poissons

Bouchées des trois truites

Préparation : 30 min **Cuisson** : 25 min **4 personnes**	300 g de truite fumée | 300 g de filet de truite fraîche | 200 g d'œufs de truite | 200 g de millet | 4 blancs d'œufs | 25 cl de lait écrémé ou demi-écrémé | ¼ de botte de coriandre | ¼ de botte d'aneth | 100 g de betterave rouge cuite | 2 cuil. à soupe de moutarde | 3 citrons | 4 petites tranches de pain de mie au son (cf. recette) | sel

• Faites bouillir 50 cl d'eau légèrement salée dans une casserole et versez-y le millet. Laissez frémir une vingtaine de minutes environ jusqu'à absorption complète de l'eau. Arrosez-le du jus des citrons. Sur un film alimentaire étirable, disposez les trois quarts des tranches de truite fumée puis étalez le millet dessus. Déposez au centre des bâtonnets de truite fraîche. Roulez le film étirable pour obtenir un rouleau de sushi et réservez au réfrigérateur.

Mixez les betteraves pour obtenir un jus à incorporer dans le lait. Faites chauffer ce mélange pour y faire pocher les blancs d'œufs préalablement montés en neige ferme avec une pincée de sel. Formez des quenelles rosées avec ces blancs en neige pochés, déposez une mini-tranche de truite fumée dessus et décorez d'un brin d'aneth.

• Découpez en petits carrés les tranches de pain de mie au son préalablement toastés et tartinez-les de moutarde. Disposez sur chacun une petite cuillerée d'œufs de truite et décorez de quelques feuilles de coriandre. Découpez le rouleau de millet et de truites fumées en plusieurs petits sushis. Dressez des assiettes avec des « quenelles » rosées, des toasts d'œufs de truite et des sushis.

Épicez vos poissons

Les épices, et notamment ceux qui piquent, comme les piments et les sauces piquantes (type Tabasco) relèvent non seulement le goût des préparations, vous permettant ainsi d'ajouter moins de gras dans vos plats, mais aussi, d'après les chercheurs de l'Institut Pasteur, augmentent de 25 % les dépenses caloriques au repos durant 3 à 4 heures. En un mois, cela peux donner une dépense de 1 500 kcal ! Alors donnez du piment à votre vie et à vos salades, votre ligne vous dira merci (mais attention à vos intestins, ne forcez pas trop sur la dose).

Morue pochée et purée de potiron

Préparation : 30 min **Trempage** : 12 h **Cuisson** : 30 min **4 personnes**	1 filet de morue salée de 800 g | 1 potiron d'environ 1 kg | 1 grosse pomme de terre à purée | 50 cl de lait écrémé ou demi-écrémé | 10 cl de lait de coco | 1 pincée de gingembre | sel | poivre

• Pour éliminer l'excès de sel, faites tremper la veille le filet de morue dans de l'eau froide. Renouvelez de temps en temps (environ trois ou quatre fois) cette eau.
• Coupez la chair du potiron en gros cubes et faites-la cuire à la vapeur une vingtaine de minutes avec la pomme de terre pelée et coupée en morceaux. Réduisez l'ensemble en purée, ajoutez le gingembre, salez, poivrez et incorporez cette purée dans le lait de coco légèrement chauffé. Mélangez bien et réservez au chaud.
• Déposez le filet de morue dans une casserole à large fond, versez-y le lait et complétez avec de l'eau si nécessaire pour recouvrir totalement le poisson. Cuisez à feu doux et quand le liquide bout, mettez un couvercle, éteignez le feu et laissez pocher une dizaine de minutes. Égouttez le poisson et dégustez-le bien chaud avec la purée de potiron au coco.

Tajine de poisson en ratatouille

Préparation : 45 min **Cuisson** : 1 h 35 min **4 personnes**	400 g de lotte | 400 g de queue de cabillaud | 1 poivron jaune | 1 poivron rouge | 1 aubergine | 1 grosse courgette | 200 g de millet | 1 petit piment vert | 3 tomates | 1 gros oignon | 1 gousse d'ail | 1 cuil. à café de cumin en poudre | 3 cuil. à soupe d'huile d'olive | sel | poivre

• Coupez les tomates en gros quartiers, taillez les poivrons en lanières, détaillez la courgette en rondelles et l'aubergine en cubes. Émincez le piment, l'ail et l'oignon. Dans un plat à tajine, faites chauffer deux cuillerées à soupe d'huile pour y faire revenir les oignons et l'ail. Ajoutez l'aubergine et les poivrons et laissez cuire, en remuant de temps en temps, une quinzaine de minutes. Ajoutez alors courgette et piment, salez, poivrez et mélangez. Laissez mijoter lentement sur feu très doux 45 minutes environ.

• Pendant ce temps, faites bouillir 50 cl d'eau légèrement salée dans une casserole et versez-y le millet. Laissez frémir une vingtaine de minutes environ jusqu'à absorption complète de l'eau. Faites dorer les poissons coupés en tronçons dans une grande poêle à revêtement antiadhésif avec le restant d'huile. Salez, poivrez et parsemez de cumin. Disposez sur la ratatouille les morceaux de poisson et le millet et poursuivez la cuisson une quinzaine de minutes.

• Servez bien chaud.

Colin au rougail de mangue et orge mondé

Préparation : 30 min **Cuisson** : 30 min **4 personnes**	4 filets de colin | 50 g de farine | 25 g de son d'avoine | 1 mangue | 300 g d'orge mondé précuit | quelques gouttes de Tabasco | 1 cuil. à soupe de gingembre en poudre | 3 oignons | 2 cuil. à soupe d'huile d'olive | sel | poivre

• Plongez l'orge mondé précuit dans 1,2 litre d'eau froide salée. Portez à ébullition et laissez cuire à feu doux une vingtaine de minutes.

• Pendant ce temps-là, prélevez la chair de la mangue et passez-la au mixeur avec quelques gouttes de Tabasco. Hachez finement les oignons et mélangez-les à la pulpe de mangue. Ajoutez le gingembre et une cuillerée à soupe d'huile pour lier le tout. Salez, poivrez et réservez.

• Dans une assiette creuse, mélangez la farine et le son d'avoine. Roulez-y les filets de colin et faites-les revenir dans une poêle à revêtement antiadhésif avec le restant d'huile. Servez chaud avec le rougail de mangue et l'orge.

Lotte et saumon en tentation

Préparation : 45 min **Réfrigération** : 12 h **Cuisson** : 50 min **4 personnes**	4 filets de lotte (120 g chacun environ) | 300 g de filets de saumon sans peau | 50 g d'œufs de saumon | 100 g de mozzarella | 1½ cuil. à café d'agar-agar (3 g) | 25 cl de vin blanc sec | 2 cuil. à soupe de fumet de poisson en poudre | 1 bouquet garni | 1 brin de thym | 2 feuilles de laurier | 1 bouquet de basilic | sel | poivre

• Dans une casserole, versez le fumet de poisson, le vin blanc, le bouquet garni et 1 litre d'eau. Portez à ébullition, couvrez et laissez frémir une dizaine de minutes. Salez, poivrez et ajoutez les filets de lotte détaillés en lanières épaisses. Laissez frémir une dizaine de minutes. Retirez les filets à l'aide d'une écumoire et faites bouillir le fumet cinq bonnes minutes pour le réduire un peu. Filtrez-le, rectifiez l'assaisonnement et faites-y fondre l'agar-agar en mélangeant bien. Reportez à ébullition 3 à 4 minutes puis laissez refroidir très légèrement.

• Coupez le filet de saumon en lanières larges et faites-le

pocher 5 minutes dans 1 litre d'eau salée parfumée de thym et de laurier. Versez un peu de gelée refroidie (mais encore liquide) dans le fond d'une terrine rectangulaire (gardez également encore « liquide » le reste de la gelée en la maintenant un peu au chaud). Faites prendre 15 minutes au réfrigérateur.

• Répartissez sur la gelée les lanières de saumon et de lotte en les intercalant avec la mozzarella coupée en lanières et la moitié des feuilles de basilic ciselées. Recouvrez du reste de gelée et réservez au réfrigérateur durant environ 12 heures.

• Démoulez la terrine, répartissez dessus les œufs de saumon et décorez du reste de basilic.

Mangez du poisson pour entretenir votre mémoire

Non pas à cause du phosphore, comme on le croyait, mais grâce aux fameux oméga 3. Ces graisses du poisson, déjà parées de mille vertus grâce à leur rôle de prévention dans les risques d'accidents cardio-vasculaires, luttent aussi contre la dégénérescence et la mort des neurones. On peut donc « phosphorer » plus longtemps grâce à eux.

Persillé de saumon maison

Préparation : 20 min **Réfrigération** : 6 h **Cuisson** : 10 min **4 personnes**	300 g de filet de saumon sans peau | 1 cuil. à café bombée d'agar-agar (4 g) | 5 cl de vinaigre de xérès | 1 bouquet de persil plat | 1 petite poignée de pousses d'épinard | 4 tranches de pain d'orge au son d'avoine (cf. recette) | sel | poivre

• Dans une grande casserole, déposez le saumon et versez 60 cl d'eau froide, salez, poivrez et chauffez. Quand l'eau frémit, laissez cuire 5 minutes. Laissez ensuite tiédir dans le bouillon. À l'aide d'une écumoire, sortez le filet tiédi et séchez-le sur un linge. Filtrez le bouillon et faites-le s'évaporer doucement dans la casserole rincée jusqu'à ce qu'il n'en reste que la moitié. Délayez l'agar-agar dans le bouillon et portez de nouveau à ébullition 2 minutes. Laissez tiédir et ajoutez le vinaigre, salez, poivrez. Ciselez persil et épinards.

• Tapissez un moule à cake de film alimentaire étirable, en laissant les bords retomber largement à l'extérieur. Alternez couches d'herbes et couches de saumon à peine émietté. Ne tassez pas, mais superposez deux ou trois couches selon la taille du moule. Versez doucement la gelée légèrement refroidie à température ambiante (donc encore liquide) et fermez en rabattant le film alimentaire. Laissez prendre au moins 6 heures au réfrigérateur.

• Pour démouler, ouvrez le film et retournez sur un plat de service. Faites griller les tranches de pain d'orge au son d'avoine et servez-les avec ce persillé de saumon.

Bar braisé à la mangue

Préparation : 10 min **Cuisson** : 30 min **4 personnes**	600 g de filet de bar | 5 tomates | 2 petites mangues | 10 gousses d'ail | 10 brins de coriandre | 2 cuil. à soupe d'huile d'olive | 4 cuil. à soupe de nuoc-mâm | 250 g de millet | 2 cuil. à soupe de sucre roux

• Versez le millet dans 60 cl d'eau bouillante légèrement salée et laissez frémir à feu doux, environ 20 minutes jusqu'à absorption complète, tout en surveillant pour que le millet n'attache pas. Détaillez le poisson en gros cubes et faites-les dorer avec l'huile dans un wok ou une poêle à revêtement antiadhésif à grands rebords.

• Retirez-les et remplacez-les par l'ail pelé et haché. Lorsque celui-ci est doré, ajoutez le sucre et le nuoc-mâm. Laissez légèrement caraméliser.

Incorporez alors les tomates coupées en quartiers et la chair des mangues découpée en dés. Laissez compoter environ 15 minutes à feu doux.

• Parsemez de brins de coriandre et servez aussitôt avec le poisson et le millet.

Turbot en chaud froid

Préparation : 40 min **Réfrigération** : 9 h **Cuisson** : 50 min **4 personnes**	400 g de filets de turbot | une dizaine de feuilles d'épinard | 100 g de pain au son d'avoine (cf. recette) | 1 blanc d'œuf | 30 cl de lait demi-écrémé | 2 échalotes | 30 g de beurre | 50 cl de fumet de poisson reconstitué avec 2 cuil. à soupe de fumet de poisson en poudre | 15 g de farine | 15 g de son d'avoine | 1 cuil. à café rase d'agar-agar (2 g) | 25 cl de crème fraîche allégée | 50 cl de lait écrémé | sel | poivre | muscade

• Préchauffez le four à 180 °C (th. 6). Prélevez la mie du pain au son d'avoine et faites-la tremper dans le blanc d'œuf battu avec la moitié du lait demi-écrémé. Faites revenir les échalotes émincées dans 15 g de beurre puis laissez refroidir. Mixez la mie de pain avec la moitié des filets de turbot coupés en lanières, le reste du lait écrémé et les échalotes. Salez, poivrez et assaisonnez de muscade. Faites blanchir 1 minute les feuilles d'épinard équeutées puis épongez-les. Enveloppez-en le reste des filets de turbot salés et poivrés.

• Versez la moitié de la farce dans un moule à cake tapissé de papier sulfurisé. Disposez sur cette farce les filets de turbot puis recouvrez du reste de farce. Lissez la surface et couvrez pour mettre à cuire 40 minutes au four au bain-marie (l'eau ne doit pas bouillir). Laissez refroidir et mettez au réfrigérateur au moins 6 heures.

• Mixez ensemble la farine et le son d'avoine. Faites fondre les 15 g de beurre restants et versez-y le mélange farine et son. Mélangez bien et versez le fumet de poisson reconstitué dans lequel vous aurez incorporé la poudre d'agar-agar. Laissez épaissir une dizaine de minutes. Ajoutez la crème fraîche et le lait écrémé. Salez, poivrez. Laissez refroidir et badigeonnez-en la terrine.

• Décorez selon votre goût (avec des crevettes, des rondelles de tomate, du persil…) et remettez au réfrigérateur 3 heures avant de servir.

Aubergines au thon et à l'orge

Préparation : 20 min **Marinade** : 50 min **Cuisson** : 40 min **4 personnes**	2 aubergines | 400 g de thon rouge frais | 250 g d'orge mondé précuit | 50 g de parmesan | 2 cuil. à soupe de graines de sésame | 5 cuil. à soupe d'huile d'olive | 2 branches de thym frais | 4 cuil. à soupe de jus de citron | sel | poivre | petites piques en bois

• Dans un plat creux, versez 3 cuil. à soupe d'huile d'olive, le jus de citron, les feuilles de thym et du poivre. Posez-y le thon coupé et laissez mariner au réfrigérateur 50 minutes environ en retournant de temps en temps le thon.

• Pendant ce temps, faites cuire l'orge mondé dans 1 litre d'eau froide légèrement salée une trentaine de minutes. Coupez les aubergines en fines tranches dans leur longueur et disposez-les sur la plaque du four recouvert de papier d'aluminium ou de papier sulfurisé. Badigeonnez-les de l'huile d'olive restante, placez la plaque sous le gril du four et surveillez la cuisson. Lorsqu'elles sont cuites, disposez-les sur du papier absorbant. Sortez le thon de la marinade et passez-le à la poêle à revêtement antiadhésif bien chaude, 2 à 3 minutes de chaque côté.

• Préchauffez le four à 200 °C (th. 6-7) et faites dorer

les graines de sésame. Coupez le thon en fines lamelles et posez-en une par tranche d'aubergine. Roulez l'ensemble délicatement dans les graines de sésame et maintenez à l'aide d'une pique en bois. Passez au four 5 minutes. Coupez des copeaux de parmesan à l'aide d'un couteau économe et posez-en sur les roulés d'aubergine au moment de servir avec l'orge.

Le poisson et la cellulite

Contrairement aux idées reçues, la chair de poisson n'est pas salée. Si vous souffrez de rétention d'eau ou de cellulite, vous pouvez alors vous en régaler, surtout que le poisson est riche en protéines qui entretiennent la tonicité des muscles, combattant l'aspect de peau d'orange, et est pauvre en graisses saturées qui ont tendance à « nourrir » la cellulite ! Si votre cellulite vous excède, n'oubliez pas non plus de passer vos nerfs dans la piscine : rien de tel qu'un massage naturel réalisé par les mouvements et le contact avec l'eau. Vous pouvez aussi tous les matins vous servir d'un masseur à picots manuel. Appliquez sous la douche ce petit appareil sur les zones du corps à problèmes pour aider les cellules graisseuses emprisonnées dans le tissu conjonctif à se « libérer » de leur fardeau. Avec de la patience et de la rigueur, ce petit geste vous récompensera.

Terrine de Saint-Jacques aux lentilles

Préparation : 30 min **Réfrigération** : 6 h **Cuisson** : 25 min **4 personnes**	6 belles noix de Saint-Jacques surgelées sans corail | 150 g de lentilles blondes | 40 cl de lait écrémé ou demi-écrémé | 50 cl de fumet de poisson reconstitué avec 2 cuil. à soupe de fumet de poisson en poudre | 1 orange | 1½ cuil. à café d'agar-agar (3 g) | 2 brins de thym | sel | poivre

• Passez les noix de Saint-Jacques sous l'eau froide et mettez-les dans un plat creux. Recouvrez-les de lait et réservez 3 heures au réfrigérateur.
• Mettez les lentilles dans une casserole d'eau froide, ajoutez un brin de thym et portez à ébullition. Laissez cuire 25 minutes sur feu doux. Salez, poivrez en fin de cuisson et égouttez les lentilles. Rincez les noix de Saint-Jacques et coupez-les en deux dans l'épaisseur. Salez-les, poivrez-les et mettez-les dans une casserole avec le fumet et le zeste de l'orange. Faites chauffer à feu doux. Aux premiers frémissements, éteignez le feu. Couvrez, laissez pocher 3 minutes et retirez les noix à l'aide d'une écumoire. Faites fondre la poudre d'agar-agar dans le fumet et portez-le à ébullition 5 minutes sur feu vif pour le faire réduire. Ajoutez le jus de l'orange.

• Versez un fond de cette gelée refroidie mais encore liquide dans des verrines et placez-les au réfrigérateur 10 minutes. Remplissez-les alors des Saint-Jacques et des lentilles refroidies. Coulez le reste de la gelée et mettez au réfrigérateur 3 heures avant de servir frais accompagné de laitue citronnée.

Pavés de colin en croûte

Préparation : 25 min **Cuisson** : 45 min **4 personnes**	4 pavés de colin | 250 g d'orge mondé précuit | 1 poivron rouge | 1 poivron vert | 80 g de son d'avoine | 1 gousse d'ail | 2 cuil. à soupe d'huile d'olive | 4 brins de persil plat | quelques feuilles de basilic | sel | poivre

• Préchauffez le four à 180 °C (th. 6). Faites cuire l'orge mondé dans 1 litre d'eau froide légèrement salée une trentaine de minutes. Salez et poivrez les pavés de colin. Dans une poêle à revêtement antiadhésif, faites-les dorer avec une cuillerée à soupe d'huile d'olive. Parsemez de son d'avoine sur une face, rangez-les délicatement dans un plat et poursuivez la cuisson 7 minutes au four.

• Rincez et épongez les poivrons. Coupez-les en deux, éliminez les graines et taillez-les en petits dés. Dans une poêle à revêtement antiadhésif, faites-les sauter 5 minutes avec l'huile d'olive restante, l'ail haché et le basilic ciselé.

• Répartissez dans les assiettes les poivrons, l'orge et les filets de colin. Décorez avec le persil plat et servez chaud.

Recettes végétariennes

Carbonara aux légumes

Préparation : 20 min **Cuisson** : 15 min **4 personnes**	300 g de pâtes aux œufs et au son d'avoine (cf. recette) en forme de tagliatelles | 3 courgettes | 2 carottes | 1 petit poivron jaune | 1 oignon rouge | 8 feuilles de basilic | 1 yaourt nature | 1 jaune d'œuf | 25 g de parmesan râpé | 2 cuil. à soupe d'huile d'olive | 2 pincées de noix de muscade en poudre | sel | poivre

• Coupez les carottes et les courgettes en fines lanières. Retirez les graines et les cloisons du poivron et coupez la chair en morceaux. Faites revenir une quinzaine de minutes ces légumes et l'oignon émincé dans une grande poêle à revêtement antiadhésif avec une cuillerée à soupe d'huile d'olive. Remuez régulièrement et ajoutez sel et poivre.

• Faites cuire les pâtes aux œufs et au son. Dans un bol, mélangez le yaourt, le jaune d'œuf et le parmesan râpé. Salez, poivrez et ajoutez la muscade. Égouttez les pâtes et ajoutez-les dans la poêle contenant les légumes. Arrosez du reste d'huile d'olive et laissez chauffer 1 minute. Hors du feu, incorporez la préparation au yaourt et parsemez des feuilles de basilic ciselées.

Terrine de courgettes à l'oseille

Préparation : 20 min **Cuisson** : 45 min **4 personnes**	500 g de courgettes | ½ botte d'oseille | 1 cuil. à soupe d'huile d'olive | 4 jaunes d'œufs | 3 blancs d'œufs | 100 g de pain de mie au son d'avoine (cf. recette) | 10 cl de lait écrémé | 100 g de fromage blanc à 0 % de MG | 1 cuil. à café de lait écrémé ou demi-écrémé | ½ citron | sel | poivre

• Préchauffez le four à 180 °C (th. 6). Faites revenir les courgettes émincées dans une poêle à revêtement antiadhésif avec l'huile d'olive. Ajoutez la moitié de l'oseille équeutée et faites cuire à couvert 7 à 8 minutes. Égouttez et mixez l'ensemble. Ajoutez à la préparation les jaunes d'œufs et le pain de mie au son trempé dans le lait écrémé. Montez les blancs en neige et lorsqu'ils ont atteint leur volume maximal, détendez-les avec le jus du demi-citron et incorporez-les à la préparation.

• Tapissez une terrine ou un moule à cake de papier sulfurisé et versez-y la préparation. Faites cuire au four, au bain-marie, pendant 35 minutes. Laissez reposer après cuisson pour que la texture prenne forme et démoulez-la sur une planchette.

• Battez au fouet le fromage blanc avec la cuillerée à café de lait, salez, poivrez et ajoutez le reste de l'oseille ciselée. Coupez la terrine en tranches et servez avec un cordon de sauce au fromage blanc.

Les protéines végétales, de véritables armes anti-fringales

Elles se trouvent dans les légumineuses (lentilles, pois chiches, pois cassés, haricots blancs…), les céréales, surtout complètes, le quinoa et les produits dérivés de soja comme le tofu, le tempeh, les « yaourts », les « steaks » ou encore les protéines de soja. Il s'agit d'aliments extrêmement riches en minéraux, surtout en magnésium, antifatigue et antifringales par excellence. Ils ont aussi l'avantage d'être pleins de fibres, de ne pas élever la glycémie et de calmer longtemps l'appétit. Seul inconvénient, les protéines des légumineuses et des céréales, contrairement à celles de la viande, sont incomplètes en termes d'acides aminés essentiels. Pour y remédier, il suffit de les consommer en même temps, c'est-à-dire en associant une source de céréales et une source de légumineuses (par exemple, semoule et pois chiches, riz et lentilles, maïs et haricots rouges) pour retrouver une qualité de protéines équivalente à celles d'origine animale.

Croquettes de millet

Préparation : 10 min **Cuisson** : 45 min **4 personnes**	300 g de millet | 1 oignon haché | 1 œuf | 2 cuil. à soupe d'huile d'olive | 50 g de gruyère râpé | 1 poignée de persil haché | 20 g de son d'avoine | 1 litre de bouillon de légumes reconstitué à partir d'un cube de bouillon | sel | poivre

• Faites dorer l'oignon haché dans une cocotte à revêtement antiadhésif avec l'huile d'olive. Ajoutez le millet, remuez 1 minute et versez le bouillon de légumes. Laissez cuire 30 minutes à feu très doux tout en surveillant. Ajoutez de l'eau si nécessaire. Préchauffez le four à 180 °C (th. 6).

• Une fois le millet cuit, ajoutez l'œuf battu, le son d'avoine, le persil et le gruyère râpé. Remuez bien et laissez refroidir. Formez de petites croquettes, disposez-les sur une plaque du four préalablement recouverte de papier sulfurisé (ou légèrement huilée) et faites cuire au four environ 15 minutes.

Quinoa en gratin vert

Préparation : 15 min **Cuisson** : 35 min **4 personnes**	200 g de quinoa | 2 grosses laitues | 2 cuil. à soupe de farine | 4 cuil. à soupe de son d'avoine | 1 tranche de pain de mie au son d'avoine (cf. recette) | 20 cl de lait écrémé | 2 gousses d'ail | 1 cuil. à soupe d'huile d'olive | sel | poivre

• Rincez le quinoa à l'eau claire et égouttez-le. Déposez-le dans une grande casserole d'eau froide salée. Portez à ébullition, puis comptez 5 minutes seulement de cuisson à frémissements. Égouttez le quinoa et réservez. Préchauffez le four à 180 °C (th. 6).

• Lavez et essorez les laitues, émincez-les et déposez-les dans une sauteuse pour les laisser fondre une dizaine de minutes sans oublier de remuer de temps en temps. Salez, poivrez et saupoudrez de la farine et de la moitié de son d'avoine. Ajoutez l'ail haché, puis mouillez avec le lait en mélangeant constamment. Laissez épaissir 2 minutes.

• Faites griller la tranche de pain au son dans un grille-pain et émiettez-la. Huilez légèrement avec un papier absorbant un plat à gratin et étalez-y le quinoa, puis couvrez de la préparation à la laitue. Parsemez du restant de son d'avoine et du pain de mie au son d'avoine émietté. Enfournez 20 minutes et servez chaud. Décorez par exemple de persil haché.

Potimarron farci au millet

Préparation : 30 min **Cuisson** : 1 h 10 min **4 personnes**	120 g de millet | 1 potimarron | 2 beaux oignons | 2 gousses d'ail | 400 g de feuilles de blette | 4 tomates | 70 g de raisins secs | 50 g d'amandes | 1 cuil. à café de cumin en poudre | 2 cuil. à soupe de persil haché | 2 cuil. à soupe d'huile d'olive | sel | poivre

• Découpez le chapeau du potimarron et éliminez toutes les graines. Remettez le chapeau et faites cuire le potimarron 5 minutes à la vapeur. Faites cuire 2 à 3 minutes à l'étouffée les oignons émincés finement dans l'huile d'olive, puis ajoutez-y les tomates coupées en dés, l'ail et les feuilles de blette préalablement hachées. Continuez la cuisson environ 20 minutes, tout en remuant de temps en temps.

• Faites cuire le millet dans 30 cl d'eau bouillante salée durant environ 20 minutes. Préchauffez le four à 220 °C (th. 7-8). Incorporez aux légumes cuits le millet, le persil, les raisins secs, les amandes hachées grossièrement, le cumin, salez et poivrez. Mélangez bien et farcissez le potimarron de cette préparation. Passez au four 20 minutes et servez aussitôt.

Ne vous pesez pas tous les jours !

Se peser tous les jours peut entraîner une véritable obsession de son corps. Préférez une pesée hebdomadaire, voire tous les quinze jours, pour constater les progrès réalisés. La satisfaction sera d'autant plus grande et la réalité mieux retranscrite. N'oubliez pas non plus que perdre du poids efficacement, cela signifie perdre de la « masse grasse » (par le « régime ») et prendre de la masse active, c'est-à-dire du muscle (par l'activité physique) : on s'affine, mais le résultat à proprement parler sur le pèse-personne n'est pas si spectaculaire. Pensez alors plutôt silhouette en choisissant un vêtement test : c'est plus parlant et plus proche de la vérité.

Purée d'orge aux oignons

Préparation : 10 min **Cuisson** : 30 min **4 personnes**	300 g d'orge mondé précuit | 6 oignons | 4 cuil. à soupe de son d'avoine | 1 cuil. à soupe de noix de muscade en poudre | 1 feuille de laurier | sel | poivre

• Faites cuire à l'étouffée les oignons préalablement émincés et la feuille de laurier. Pendant ce temps,

faites cuire l'orge dans 1,2 litre d'eau froide salée durant 25 minutes à partir de l'ébullition.
• Une fois cuit, mélangez l'orge avec les oignons, la muscade, le son d'avoine, salez, poivrez et passez le tout au mixeur jusqu'à obtenir une purée onctueuse et mélangez bien.

Courgettes farcies aux deux céréales

Préparation : 20 min **Cuisson** : 1 h **4 personnes**	4 courgettes rondes (d'environ 200 g chacune) | 2 cuil. à soupe d'huile d'olive | 2 échalotes | 100 g de champignons de Paris | 80 g de millet | 80 g d'orge mondé précuit | 4 cuil. à soupe de son d'avoine | 2 gousses d'ail | 1 cuil. à soupe de noix de muscade en poudre | quelques tiges de persil plat | quelques tiges de ciboulette | sel | poivre

• Faites cuire l'orge mondé dans 30 cl d'eau froide salée durant environ 25 minutes et le millet dans 20 cl d'eau bouillante salée environ 20 minutes. Préchauffez le four à 180 °C (th. 6).
• Blanchissez environ 5 à 7 minutes les courgettes et évidez-les. Faites revenir leur chair dans une grande poêle à revêtement antiadhésif avec l'huile d'olive

chaude, puis les échalotes émincées, les champignons de Paris émincés, le persil et la ciboulette ciselés, l'ail haché, le millet et l'orge.

• Salez, poivrez et ajoutez le son et la noix de muscade. Laissez cuire 5 à 7 minutes puis farcissez les courgettes avec cette préparation. Enfournez 8 minutes dans du papier d'aluminium ou du papier sulfurisé.

Croquettes d'orge au tofu

Préparation : 15 min **Cuisson** : 30 min **4 personnes**	300 g d'orge mondé précuit | 1 oignon | 1 carotte | 1 branche de céleri | 2 cuil. à soupe de farine | 2 cuil. à soupe de son d'avoine | 125 g de tofu | 1 cuil. à soupe de persil haché | sel | poivre

• Faites cuire l'orge dans 1,2 litre d'eau froide salée durant 25 minutes à partir de l'ébullition. Pendant ce temps, émincez finement l'oignon, râpez la carotte, haché le céleri, émiettez le tofu. Mélangez l'ensemble avec le poivre, le persil, le son d'avoine et l'orge cuit.

• Farinez vos mains et formez de petites croquettes en les aplatissant légèrement. Faites-les cuire quelques minutes dans une poêle à revêtement antiadhésif légèrement huilée avec du papier absorbant.

Taboulé végétarien

Préparation : 30 min **Réfrigération** : 2 h **Cuisson** : Pas de cuisson **4 personnes**	4 tomates | 2 citrons jaunes | 1 oignon blanc | 200 g de boulgour | 100 g de pois chiches cuits (en conserve) | 2 cuil. à soupe d'huile d'olive | 2 cuil. à soupe de son d'avoine | 1 botte de persil plat | 1 botte de menthe fraîche | sel | poivre

• Pressez les citrons. Lavez et coupez les tomates en dés. Pelez et hachez l'oignon. Lavez et ciselez la menthe et le persil. Versez le boulgour dans un saladier, arrosez-le de 20 cl d'eau tiède et de jus de citron. Salez et poivrez. Égrainez bien à la fourchette pour éviter la formation de grumeaux. Ajoutez les tomates, les pois chiches égouttés, le son d'avoine, l'oignon et les herbes. Mélangez bien. Couvrez d'un film alimentaire et placez au réfrigérateur pour au moins 2 heures.

• Servez bien frais en ajoutant l'huile d'olive au dernier moment.

Recettes de plats complets

Pâtes aux œufs et au son d'avoine

Préparation : 15 min **Repos** : 1 h **Cuisson** : 10 min **4 personnes**	350 g de farine | 150 g de son d'avoine | 3 œufs | sel

• Dans un saladier, mélangez bien la farine et le son d'avoine. Creusez un puits au centre et cassez les œufs dedans puis mélangez bien. Ajoutez le sel et autant d'eau que nécessaire afin d'obtenir une texture de pâte qui reste assez dure. Recouvrez d'un linge humide et laissez reposer une bonne heure.

• Étalez la pâte au rouleau, faites plusieurs feuilles minces et laissez sécher. Découpez ensuite dans ces feuilles des morceaux de 6 cm environ de long et de 4 cm de large. Vous pouvez cependant choisir la forme de pâtes que vous désirez. Jetez-les dans de l'eau bouillante. Les pâtes remontent à la surface, laissez encore 5 minutes puis égouttez-les avant de les passer sous l'eau froide.

• Vous pouvez alors accommoder vos pâtes pour un

plat complet avec du jambon, de la sauce tomate, un peu de fromage et de basilic.

Boulettes de viande au millet safrané

Préparation : 30 min **Cuisson** : 35 min **4 personnes**	400 g de steak haché | 1 bouquet de coriandre (ou de persil) | ½ bouquet de menthe | 2 oignons | 100 g de mie de pain au son (cf. recette) | 25 cl de lait écrémé | 1 œuf | 2 cuil. à soupe d'huile | 300 g de millet | ½ poivron rouge | ½ poivron jaune | 100 g de raisins secs | 1 dosette de safran | 40 g de beurre | 50 cl de bouillon de volaille reconstitué à partir d'un fond de volaille en cube | 1 cuil. à soupe de Tabasco | sel | poivre

• Dans une casserole, faites fondre le beurre pour y faire revenir un oignon haché 2 à 3 minutes. Ajoutez les poivrons préalablement épépinés et coupés en dés. Salez, poivrez et poursuivez la cuisson cinq bonnes minutes en remuant souvent. Versez le millet, mélangez bien et mouillez avec le bouillon. Ajoutez les raisins secs et le safran. Couvrez et laissez cuire 20 minutes.

• Vérifiez régulièrement la cuisson et ajoutez si besoin un peu d'eau pour éviter que le fond n'attache. Pendant ce temps, imbibez la mie de pain de lait. Pressez-la dans vos mains et mettez-la dans un saladier avec la viande hachée, l'oignon restant râpé, l'œuf battu, l'huile d'olive, la menthe et la moitié de la coriandre ciselée.

• Préchauffez le four à 200 °C (th. 6-7). Mélangez pour obtenir une farce homogène. Façonnez-la en boulettes entre vos mains froides et enfournez-les une dizaine de minutes. Vérifiez le millet, qui à la fin de cuisson doit avoir absorbé tout le liquide. Aérez-le en soulevant les grains avec une fourchette et mélangez-y la moitié de la coriandre ciselée restante et le Tabasco. Servez avec les boulettes, froides ou chaudes.

Aubergines farcies à l'orientale

Préparation : 30 min **Cuisson** : 1 h 10 min **4 personnes**	4 aubergines | 300 g de viande hachée | 3 oignons | 80 g de millet | 2 gousses d'ail | 1 bouquet de coriandre (ou de persil) | 1 œuf | 2 cuil. à soupe d'huile d'olive | 4 cuil. à soupe de son d'avoine | 2 cuil. à soupe de chapelure | 1 cuil. à café de cumin en poudre | sel | poivre

• Faites cuire l'orge mondé dans 30 cl d'eau froide salée durant environ 25 minutes à partir de l'ébullition. Découpez une fine tranche sur l'une des faces des aubergines. Évidez-les en laissant environ 1 cm de pulpe contre la peau violette. Découpez la pulpe recueillie en petits dés. Dans une poêle à revêtement antiadhésif, faites chauffer l'huile et sauter les dés d'aubergine, les oignons finement hachés et l'ail afin de faire évaporer l'eau de constitution.

• Dans un saladier, mettez le contenu de la poêle avec la viande, la coriandre hachée, l'œuf battu, le millet cuit, le son d'avoine et le cumin. Salez, poivrez et mélangez soigneusement. Préchauffez le four à 200 °C (th. 6-7).

• Remplissez les aubergines évidées avec la farce, égalisez la surface, déposez-les dans un plat et saupoudrez la surface de la chapelure. Enfournez pour 40 minutes environ.

Faites les courses, faites le plein de légumes

Passez à la caisse en ayant au moins trois fruits et trois légumes frais différents dans votre caddy, sans oublier quelques surgelés et conserves de légumes non cuisinés. Consommer quotidiennement cinq portions de légumes ou de fruits est la règle simple du Programme Nutrition National Santé pour prévenir un bon nombre de pathologies (cancers, maladies cardio-vasculaires, infections chroniques...), mais aussi pour apporter de la couleur à vos repas et diminuer les calories consommées de manière simple, sans les comptabiliser.

Orgotto de la mer

Préparation : 45 min **Cuisson** : 50 min **4 personnes**	300 g d'orge mondé précuit | 300 g de filets de saumon | 300 g de filets de cabillaud | 12 crevettes roses (surgelées) | 2 oignons | 100 g de haricots verts | 1 poivron rouge | 100 g de petits pois écossés (surgelés) | 4 cuil. à soupe d'huile d'olive | 25 cl de vin blanc sec | 50 cl de bouillon de légumes reconstitué à partir d'un cube de bouillon | ½ bouquet de persil | sel | poivre

• Faites cuire les haricots verts « al dente » 8 minutes dans le bouillon de légumes. Égouttez et réservez le bouillon. Émincez les oignons et faites-les fondre à feu doux dans deux cuillerées à soupe d'huile. Ajoutez l'orge, mélangez bien et versez le vin blanc.

• Laissez évaporer, ajoutez les petits pois encore surgelés et mouillez avec une grosse louche de bouillon chaud. Laissez cuire quelques minutes et versez progressivement le bouillon : d'abord une deuxième louche, laissez absorber entièrement, puis une autre louche et ainsi de suite jusqu'à ce qu'il n'y ait plus d'eau du tout. Cette opération dure en général une vingtaine de minutes. Couvrez et réservez au chaud.

• Dans une sauteuse, faites chauffer l'huile restante et faites fondre 2 à 3 minutes le poivron coupé en lanières et épépiné. Réservez et remplacez les lanières de poivron par les filets de saumon et de cabillaud eux-mêmes découpés en lanières. Faites cuire 2 à 3 minutes et ajoutez les crevettes. Poursuivez la cuisson 4 à 5 minutes en mélangeant bien, puis remettez les poivrons et les haricots verts dans la sauteuse. Faites chauffer quelques instants, salez, poivrez et parsemez de persil ciselé.
• Servez avec l'orgotto.

Crumble de courgettes et de jambon

Préparation : 15 min **Cuisson** : 25 min **4 personnes**	500 g de courgettes | 2 oignons | 8 tranches de jambon blanc dégraissé découenné | 80 g de flocons d'avoine | 60 g de farine | 40 g de son d'avoine | 2 cuil. à soupe d'ail haché | 2 cuil. à soupe de persil haché | 3 cuil. à soupe d'huile d'olive | 1 cuil. à café de curcuma | 1 pincée de piment de Cayenne en poudre | sel | poivre

• Préchauffez le four en position gril. Faites revenir les oignons émincés avec une cuillerée à soupe d'huile dans une poêle à revêtement antiadhésif, et au bout de

3 minutes, ajoutez les courgettes découpées en rondelles. Laissez revenir cinq bonnes minutes. Ajoutez le piment de Cayenne et le curcuma.

• Dans un plat à gratin, déposez les courgettes et les tranches de jambon découpées en dés. Dans un saladier, mélangez les flocons d'avoine, la farine, le son, l'huile restante, le persil haché, l'ail, un peu de sel et de poivre. Disposez cette pâte sur les courgettes et le jambon, et gratinez au four une quinzaine de minutes.

Ne sautez pas un repas sous prétexte de vouloir maigrir

Bien entendu, sauter occasionnellement un repas (pour des raisons professionnelles et de temps, par exemple) n'a aucune incidence sur le poids, mais sauter régulièrement un repas en pensant maigrir n'est pas un bon plan. Il se peut que dans un premier temps vous arriviez à mobiliser quelques graisses de réserve, mais dans un deuxième temps, après ajustage de l'organisme, c'est le contraire qui se met en place de manière insidieuse. En effet, pour compenser le « manque à gagner » par le repas sauté, le corps va s'adapter et entamer une augmentation de la lipogenèse (fabrication des graisses), s'assurant alors des réserves suffisantes pour contrer la période de jeûne quotidien si durement mise au point. L'adaptation qualitative et quantitative se fait involontairement au repas suivant. De plus, sauter le repas donne faim dans l'après-midi ou le soir et favorise donc le grignotage ou les dîners copieux.

Moussaka allégée

Préparation : 20 min **Cuisson** : 1 h 10 min **4 personnes**	300 g de veau haché | 300 g de bœuf haché | 300 g d'épaule d'agneau haché | 6 aubergines | 2 oignons hachés | l oignon jaune | 50 cl de lait écrémé | 1 cuil. à soupe de Maïzena | 10 cl de vin blanc sec | 2 tomates pelées | 2 œufs | 1 cuil. à soupe d'huile d'olive | 6 cuil. à soupe de son d'avoine | 2 cuil. à soupe de chapelure | persil plat | 2 cuil. à soupe de parmesan râpé | l pincée de muscade en poudre | sel fin | poivre noir du moulin

• Épluchez l'oignon et hachez-le grossièrement. Coupez les aubergines en fines rondelles. Faites chauffer l'huile dans une grande sauteuse à revêtement antiadhésif et faites-y revenir l'oignon ainsi que les aubergines. Ajoutez les viandes hachées et mouillez avec un demi-verre d'eau. Incorporez les tomates, le persil ciselé, le vin, salez et poivrez. Laissez mijoter à couvert pendant 20 minutes.

• Séparez les blancs des jaunes d'œufs. Retirez la sauteuse du feu, ajoutez le son d'avoine et les blancs d'œufs. Mélangez vivement. Disposez dans un plat allant au four. Préchauffez le four à 180 °C (th. 6). Faites diluer la Maïzena dans deux cuillerées à soupe de lait froid. Faites chauffer le reste du lait. Une fois ce dernier chaud, incorporez hors du feu et petit à petit la Maïzena diluée. Salez, poivrez et ajoutez la muscade. Incorporez les jaunes d'œufs battus à cette sauce béchamel. Nappez-en les aubergines, saupoudrez de chapelure et de parmesan et faites cuire pendant 40 à 45 minutes.

Paella de millet

Préparation : 45 min **Cuisson** : 1 h 15 min **4 personnes**	400 g de millet | 4 cuisses de poulet | 1 litre de moules | 16 crevettes roses | 4 calamars (préparés par le poissonnier) | 15 cl de vin blanc sec | 2 oignons | 200 g de tomates concassées (en boîte) | 2 cuil. à soupe de petits pois (en boîte ou surgelés) | ½ poivron vert | ½ poivron rouge | 4 cuil. à soupe d'huile d'olive | 1 dose de spigol (ou de safran) | 1 cuil. à café de paprika | 1 gousse d'ail | sel | poivre

• Faites chauffer les moules dans une casserole couverte, sans rien leur ajouter. Une fois qu'elles s'ouvrent, égouttez-les et réservez-les. Faites chauffer la moitié de l'huile dans une grande sauteuse à revêtement anti-adhésif. Faites-y revenir les crevettes et retirez-les. Dans la même sauteuse et la même huile, faites dorer 5 minutes environ les cuisses de poulet et les oignons émincés. Ajoutez les tomates, versez 3 litres d'eau et faites cuire à feu doux 45 minutes.

• Une fois la cuisson terminée, retirez les morceaux et réservez le bouillon. Faites chauffer le reste de l'huile dans la sauteuse et faites-y revenir 5 minutes les calamars nettoyés et coupés en morceaux. Ajoutez-y les poivrons épépinés et coupés en dés, le vin blanc et l'ail haché. Au bout de 2 minutes, ajoutez le millet en mélangeant bien. Versez le bouillon, le spigol (ou le safran) et le paprika. Laissez cuire 15 minutes. Salez, poivrez, ajoutez le poulet, les crevettes, les moules et les petits pois. Prolongez la cuisson 10 minutes à feu doux et servez chaud.

Autorisez-vous un peu de fantaisie

Pas question de devenir excessivement strict : on peut intervertir déjeuner et dîner, voire manger dans le même repas les féculents et le dessert sucré, mais à ce moment-là, on fait plus light au repas suivant. Le week-end, inutile de fuir les invitations : il suffit d'éviter les biscuits apéritifs, le pain, le fromage, de ne pas se resservir et de bouger le lendemain !

Terrine de jambon

Préparation : 45 min **Réfrigération** : 3 h **Cuisson** : 30 min	750 g de petits pois écossés frais ou surgelés | 4 tranches de jambonneau cuit | 75 cl de bouillon de légumes reconstitué avec 1 cube de bouillon | 1 cuil. à café bombée d'agar-agar (4 g) | 1 bouquet de cerfeuil | sel | poivre

• Faites cuire les petits pois 30 minutes dans de l'eau bouillante salée. Pendant ce temps, incorporez au bouillon en mélangeant bien l'agar-agar. Portez ce bouillon à ébullition puis retirez-le du feu. Ajoutez-y le cerfeuil haché, poivrez. Maintenez ce bouillon à peine tiède.

• Égouttez les petits pois et versez au fond d'une terrine du bouillon sur une hauteur de 1 cm. Mettez au frais 10 minutes. Ajoutez une couche de petits pois par-dessus et versez du bouillon pour les recouvrir à ras. Remettez au frais 10 minutes puis faites une couche de jambonneau. Montez ainsi la terrine en alternant petits pois, jambonneau et mises au frais. Quand la terrine est remplie, placez-la au frais pour environ 3 heures.

• Servez-la coupée en tranches épaisses avec, par exemple, un taboulé et des feuilles de pousses d'épinard.

Mini-légumes farcis

Préparation : 30 min **Cuisson** : 20 min **4 personnes**	4 mini-tomates | 4 mini-courgettes | 4 mini-poivrons rouges | 4 mini-aubergines | 2 tranches de jambon blanc | 1 tranche de jambon cru | 1 échalote | 1 gousse d'ail | 6 cuil. à soupe de son d'avoine | 1 cuil. à soupe d'huile d'olive | 1 œuf | 2 cuil. à soupe de chapelure | 1 bouquet de persil | sel | poivre

• Décalottez les tomates, évidez-les à la petite cuillère. Ouvrez les courgettes et les aubergines en deux dans la longueur, évidez-les sans percer la peau. Prélevez leur chair et réservez-la. Pour la farce, hachez finement les jambons. Mixez ensemble l'échalote émincée, l'ail haché, quelques branches de persil, l'œuf entier, les deux tiers du son d'avoine, la chair des légumes, l'huile, un peu de sel et du poivre. Mélangez cet appareil avec les jambons hachés.

• Préchauffez le four à 200 °C (th. 6-7). Décalottez les poivrons, ôtez les graines. Garnissez les mini-légumes de farce et disposez-les dans un plat à four. Saupoudrez de chapelure et du son d'avoine restant, glissez au four pour 20 minutes. Servez bien chaud.

Oignons rouges farcis à l'orgotto au curry

Préparation : 30 min **Cuisson** : 45 min **4 personnes**	8 gros oignons rouges | 150 g d'orge mondé précuit | 20 g de beurre | 2 cuil. à soupe d'huile | 2 cuil. à soupe de curry en poudre | 40 g de raisins secs | 20 g de parmesan râpé | 2 cuil. à soupe de son d'avoine | 50 cl de bouillon de volaille reconstitué à partir d'un cube de bouillon de volaille | 20 cl de vin blanc sec | 10 brins de cerfeuil | sel | poivre

• Pelez les oignons rouges et recoupez légèrement leur base pour leur donner une assise stable. Coupez aussi un petit chapeau sur chacun. Faites précuire ces chapeaux et les oignons dans le panier d'un cuit-vapeur pendant une vingtaine de minutes. Évidez les oignons précuits à l'aide d'un couteau pointu et d'une cuillère à café. Réservez la moitié de la chair prélevée et rangez les oignons évidés dans un plat allant au four. Salez, poivrez et préchauffez le four à 180 °C (th. 6).

• Faites chauffer l'huile dans une poêle à revêtement antiadhésif et faites-y suer la chair des oignons prélevée préalablement et hachée finement. Versez l'orge mondé et mélangez sur feu doux 1 minute. Ajoutez le curry et le vin blanc. Remuez jusqu'à ce que le liquide s'évapore. Versez le bouillon de volaille reconstitué sur l'orge, ajoutez les raisins secs, couvrez et laissez cuire sur feu doux (en vérifiant régulièrement que le fond n'attache pas) jusqu'à ce que le liquide soit absorbé par l'orge.

• Incorporez le beurre, le parmesan et le son d'avoine. Répartissez cet orgotto dans les oignons et replacez les chapeaux. Glissez le plat au four et faites cuire une petite vingtaine de minutes. Servez chaud décoré de cerfeuil.

Recettes de desserts

Moelleux à la poire

Préparation : 10 min **Réfrigération** : 1 h **Cuisson** : 5 min **4 personnes**	400 g de compote de poires | ½ cuil. à café rase d'agar-agar (1 g) | 4 cuil. à soupe de fromage blanc à 0 % de MG | 40 g de chocolat noir à 70 % de cacao | 2 cuil. à soupe de yaourt nature | 2 cuil. à soupe de sucre ou d'édulcorant type aspartame ou saccharine (suivant les goûts et les « régimes ») | quelques morceaux de fruits frais en fonction des saisons (poires, pommes, clémentines, fraises, cassis, groseilles…)

• Délayez l'agar-agar dans une cuillerée à café d'eau froide. Faites réchauffer la compote au micro-ondes puis ajoutez l'agar-agar. Laissez refroidir 5 minutes. Ajoutez le fromage blanc et mettez cette préparation dans un moule. Réservez au frais au moins 1 heure.

• Faites fondre le chocolat noir et mélangez-le au yaourt et au sucre ou à l'édulcorant. Démoulez le « moelleux » et décorez de sauce chocolat et de quelques fruits frais.

Panna cotta et poires pochées

Préparation : 15 min **Réfrigération** : 3 h **Cuisson** : 40 min **4 personnes**	4 petites poires | 1 citron | 1 orange | 40 cl de crème fluide légère à 15 % de MG | 2 cuil. à soupe de sucre roux ou d'édulcorant type aspartame ou saccharine (suivant les goûts et les « régimes ») | 2 cuil. à soupe de gelée de cassis | 1 cuil. à café rase d'agar-agar (2 g environ) | 1 gousse de vanille

• Délayez l'agar-agar dans une cuillerée à soupe d'eau froide. Fendez en deux la gousse de vanille. Avec la pointe d'un couteau, recueillez les petites graines noires. Versez la crème légère dans une casserole, ajoutez l'agar-agar, les graines de vanille et le sucre roux (ou l'édulcorant), portez à ébullition sur feu doux. Quand la crème commence à bouillir, retirez du feu. Répartissez dans des petits bols ou des petits ramequins et glissez-les dans le réfrigérateur pour au moins 3 heures.

• Pressez le citron. Pelez les poires, laissez-les entières et badigeonnez-les avec le jus du citron, faites-les cuire à la vapeur pendant 20 minutes, puis laissez-les refroidir. Pressez l'orange pour en extraire le jus, versez celui-ci dans une petite casserole, ajoutez la

gelée de cassis et mélangez. Maintenez à ébullition pendant 5 minutes, laissez refroidir.
• Pour déguster, présentez la poire arrosée avec la sauce au cassis. À côté, servez le petit pot de panna cotta.

Panna cotta aux litchis et curaçao

Préparation : 30 min **Réfrigération** : 1 h **Cuisson** : 5 min **4 personnes**	400 g de litchis décortiqués | frais ou en conserve (avec leur jus) | 1 mangue mûre | 50 cl de crème liquide | 80 g de sucre ou 10 g d'édulcorant en poudre type aspartame ou saccharine (suivant les goûts et les « régimes ») | 1 cuil. à café rase d'agar-agar (2 g) | 2 gousses de vanille | 30 cl de curaçao bleu | 1 citron vert

• Pelez la mangue, retirez le noyau et coupez-la en fines lamelles. Diluez dans une cuillerée à soupe d'eau froide l'agar-agar. Ouvrez les gousses de vanille et grattez-les pour récupérer les graines. Faites frémir, dans une casserole, la crème, l'agar-agar, le sucre et les graines de vanille. Faites réduire le curaçao jusqu'à l'obtention d'un sirop et ajoutez un peu de jus des litchis.

• Répartissez la moitié de la panna cotta dans quatre verres, faites prendre au frais. Ajoutez une couche de litchis coupés en deux, recouvrez du reste de panna cotta dans laquelle vous aurez ajouté des lamelles de mangue coupées en morceaux. Faites prendre au frais. Nappez de sirop et décorez de lamelles de mangue et de litchis. Arrosez de jus de citron vert.

Charlotte aux fraises

Préparation : 20 min **Réfrigération** : 3 h **Cuisson** : 10 min **4 personnes**	350 g de fraises | 300 g de fromage blanc à 20 % de MG | 20 g de sucre en poudre ou 5 g d'édulcorant en poudre type aspartame ou saccharine (suivant les goûts et les « régimes ») | 1 sachet de sucre vanillé | le jus d'une orange | 10 biscuits à la cuiller | 1½ cuil. à café d'agar-agar (3 g)

• Diluez un tiers de l'agar-agar dans un peu d'eau froide et faites-la légèrement bouillir dans une casserole. Mélangez avec 50 g de fraises coupées en petits morceaux, le sucre vanillé et 100 g de fromage blanc. Réservez au réfrigérateur.
• Mixez les fraises restantes avec le fromage blanc restant et le sucre. Diluez les deux tiers restants d'agar-agar dans deux cuillerées à soupe d'eau et faites frémir

dans une casserole, puis ajoutez l'agar-agar dans le mélange fraise-fromage blanc précédent. Versez le jus d'orange dans une assiette creuse, trempez-y les biscuits côté non sucré avant d'en tapisser le tour d'un moule à charlotte. Versez la moitié du mélange fraise-fromage blanc dans le moule. Puis faites une couche avec le mélange aux morceaux de fraise et le reste du premier mélange. Faites prendre au réfrigérateur environ 3 heures.

Bavarois d'ananas à la menthe

Préparation : 10 min **Réfrigération** : 1 h **Cuisson** : 5 min **4 personnes**	20 cl de jus d'ananas | 200 g de fromage blanc à 20 % de MG | 2 cuil. à soupe de menthe ciselée fin (éventuellement surgelée) | 1 cuil. à café bombée d'agar-agar (4 g) | 1 blanc d'œuf | 2 cuil. à soupe de sucre ou d'édulcorant en poudre type aspartame ou saccharine (suivant les goûts et les « régimes »)

• Versez le jus d'ananas dans une casserole, ajoutez l'agar-agar, mélangez bien et faites bouillir légèrement à feu doux en remuant régulièrement. Laissez refroidir. Battez dans un saladier le fromage blanc et une cuillerée à soupe de sucre ou d'édulcorant.

Ajoutez la menthe, puis la gelée d'ananas. Placez au réfrigérateur. Remuez doucement de temps à autre.

• Quand le fromage blanc a bien épaissi, mais avant qu'il ne fige, mettez le blanc d'œuf et le reste de sucre ou d'édulcorant dans le bol. Fouettez au batteur électrique jusqu'à obtenir une neige ferme et brillante. Mêlez-la au fromage en tournant de bas en haut, allez bien au fond. Répartissez dans les ramequins. Faites prendre au moins 1 heure au réfrigérateur.

Mousse au pamplemousse

Préparation : 20 min **Réfrigération** : 2 h **Cuisson** : 15 min **4 personnes**	3 pamplemousses roses | 1 kiwi | 2 œufs | 200 g de fromage blanc à 20 % de MG | 1 cuil. à café rase d'agar-agar (2 g) | 40 g de sucre roux ou d'édulcorant en poudre type aspartame ou saccharine (suivant les goûts et les « régimes »)

• Pressez un des pamplemousses. Faites-y dissoudre l'agar-agar et faites bouillir ce jus dans une casserole. Cassez les œufs et mélangez les jaunes avec le sucre ou l'édulcorant pour obtenir un mélange bien mousseux. Versez dessus le jus de pamplemousse chaud. Transvasez dans une casserole à fond épais et faites cuire comme une crème anglaise, sans faire bouillir et sans cesser de mélanger. Retirez du feu quand la crème nappe la cuillère.

• Battez les blancs d'œufs en neige ferme. Dans un saladier, mélangez le fromage blanc avec la crème au pamplemousse puis incorporez les blancs en neige. Répartissez dans quatre verres ou coupelles et placez pour 2 heures au réfrigérateur.

• Pelez à vif les deux autres pamplemousses (c'est-à-dire en mettant la pulpe à nu) puis séparez les quartiers. Pelez le kiwi, découpez-le en tranches et découpez des formes de votre choix pour décorer. Au moment de servir, disposez les fruits frais sur les mousses.

Crumble aux clémentines

Préparation : 15 min **Cuisson** : 30 min **4 personnes**	800 g de chair de clémentine | 2 cuil. à soupe bombées de confiture d'abricots | 1 cuil. à café bombée de gingembre en poudre | 80 g de flocons d'avoine | 40 g de son d'avoine | 60 g de farine | 50 g de beurre allégé | 1 cuil. à café de cannelle en poudre | 50 g de noix de coco râpée | 3 cuil. à soupe de sucre type cassonade (ou d'édulcorant en poudre type aspartame ou saccharine suivant les goûts et les « régimes »)

• Étalez la confiture dans un plat à four. Pelez les clémentines, séparez les quartiers, mettez-les dans le plat à four. Préchauffez le four à 200 °C (th. 6-7). Dans un saladier, mélangez les flocons d'avoine, la farine, le son, le beurre préalablement coupé en petits morceaux, le gingembre, la cannelle, la noix de coco et le sucre.
• Écrasez l'ensemble du bout de vos doigts pour obtenir de grosses miettes de pâte. Prenez cette pâte à crumble par poignées pour l'émietter grossièrement et recouvrir tous les fruits. Enfournez pour 30 minutes.

Entremet à l'orange

Préparation : 15 min **Réfrigération** : 2 h **Cuisson** : 20 min **4 personnes**	5 oranges | 200 g de fromage blanc à 20 % de MG | 2 cuil. à soupe de lait concentré non sucré | 2 cuil. à soupe de marmelade d'oranges | 1 cuil. à café rase d'agar-agar (2 g)

• Pressez une des oranges. Faites dissoudre dans le jus obtenu un tiers de l'agar-agar et faites bouillir le tout dans une casserole. Répartissez ce jus dans quatre ramequins ou petits moules. Pelez à vif les oranges restantes puis séparez les quartiers. Diluez le restant d'agar-agar avec une cuillerée à soupe d'eau froide et incorporez ce mélange aux quartiers d'orange. Faites compoter l'ensemble dans une petite casserole durant

15 minutes. Ajoutez la marmelade.
• Dans un saladier, fouettez avec un batteur électrique le fromage blanc avec le lait concentré et, sans cesser de battre, ajoutez la moitié de la compote d'oranges. Répartissez cette préparation dans les ramequins, recouvrez d'une couche de la compote restante. Gardez au moins 2 heures au réfrigérateur.
• Au moment de déguster, trempez le fond des moules dans un peu d'eau chaude et retournez sur des assiettes pour démouler. Dégustez sans attendre.

Entremet à la mangue

Préparation : 15 min **Réfrigération** : 2 h **Cuisson** : 5 min **4 personnes**	2 mangues bien mûres | 1 orange | 1 grenade | 2 petits-suisses | 2 cuil. à soupe de sucre roux en poudre ou d'édulcorant en poudre type aspartame ou saccharine (suivant les goûts et les « régimes ») | 1 cuil. à café rase d'agar-agar (2 g)

• Pressez l'orange. Faites dissoudre dans le jus obtenu l'agar-agar et faites bouillir le tout dans une casserole. Pelez les mangues, éliminez les noyaux, coupez la pulpe en morceaux (réservez quelques tranches pour le décor), puis, dans un mixeur, réduisez-la en fine purée.

• Dans un saladier, mélangez au fouet les petits-suisses avec le sucre en poudre (ou l'édulcorant). Tout en fouettant, ajoutez la purée de mangue et le jus de l'orange. Répartissez dans des ramequins ou dans des petits bols. Glissez dans le réfrigérateur pendant au moins 2 heures.
• Servez très frais, après avoir décoré la préparation avec des graines de grenade et des lamelles de mangue.

Terrine d'orange à la fleur d'oranger

Préparation : 20 min **Réfrigération** : 3 h **Cuisson** : 5 min **4 personnes**	5 oranges | 5 oranges sanguines | 35 g de sucre en poudre ou d'édulcorant en poudre type aspartame ou saccharine (suivant les goûts et les « régimes ») | 2 cuil. à soupe d'eau de fleur d'oranger | 1 cuil. à café bombée d'agar-agar (4 g)

• Pelez les oranges sanguines à vif puis détachez les quartiers les uns des autres. Travaillez au-dessus d'un saladier pour récupérer le jus. Pressez les oranges restantes. Versez le jus dans une casserole, diluez-y l'agar-agar et ajoutez le sucre ou l'édulcorant. Portez à ébullition. Retirez du feu et laissez tiédir. Ajoutez l'eau de fleur d'oranger.

• Versez un fond de gelée dans une terrine et ajoutez une couche de quartiers d'orange par-dessus. Montez la terrine en faisant des couches successives de quartiers d'orange arrosés de gelée. Placez la terrine au frais pour au moins 3 heures.

• Au moment de servir, trempez le fond de la terrine dans l'eau chaude puis démoulez-la dans un plat. Découpez-la en tranches épaisses et servez.

Chaud froid de figues en verrine

Préparation : 10 min **Cuisson** : 5 min **4 personnes**	250 g de figues surgelées coupées en quartiers | 4 yaourts nature à 0 % de MG bien froids | 4 cuil. à café de flocons d'avoine | 2 cuil. à café de son d'avoine | 2 cuil. à soupe rases de cassonade ou d'édulcorant en poudre type aspartame ou saccharine (suivant les goûts et les « régimes ») | 1 sachet de sucre vanillé (7 g)

• Placez les quartiers de figue dans une casserole avec un demi-verre d'eau et le sucre vanillé. Laissez décongeler à feu doux. Sortez les quartiers à l'aide d'une écumoire et réservez-les au chaud. À feu doux, faites réduire le jus de cuisson 2 à 3 minutes, jusqu'à obtention d'un sirop léger.

• Dans une jatte, mélangez les yaourts avec la cassonade. Fouettez au batteur électrique et répartissez dans quatre verres. Mélangez les flocons d'avoine avec le son d'avoine, puis saupoudrez ce mélange sur le contenu des verres et finissez de garnir avec les figues tièdes. Nappez de sirop.

Timbale de kiwi-noix de coco

Préparation : 25 min **Réfrigération** : 2 h **Cuisson** : 5 min **4 personnes**	2 kiwis | 200 g de fromage blanc | 30 cl de crème (ou de lait) de coco | 40 g de sucre en poudre ou d'édulcorant en poudre type aspartame ou saccharine (suivant les goûts et les « régimes ») | 1 cuil. à café rase d'agar-agar (2 g) | 1 cuil. à soupe de noix de coco râpée

• Pelez les kiwis et coupez-le en fines rondelles. Garnissez-en les parois et le fond de quatre ramequins. Diluez un tiers de l'agar-agar dans un peu d'eau froide et faites-la légèrement bouillir dans une casserole. Prélevez trois cuillerées à café de crème (ou de lait) de coco et mélangez le restant avec le fromage blanc dans une jatte. Ajoutez le sucre en poudre et fouettez énergiquement pendant 2 minutes.

• Faites chauffer dans une petite casserole les trois cuillerées à café de crème (ou de lait) de coco pendant 3 minutes, puis, l'agar-agar dilué. Laissez « fondre » quelques minutes. Ajoutez au mélange de fromage blanc, fouettez à nouveau jusqu'à obtention d'un mélange homogène. Versez la préparation dans les ramequins et réservez au frais 2 heures. Démoulez sur une petite assiette et saupoudrez de noix de coco râpée.

Flan coco aux fruits exotiques

Préparation : 30 min **Réfrigération** : 4 h **Cuisson** : 25 min	1 petit ananas | 1 pamplemousse rose | 1 bouquet de menthe fraîche | 2 cuil. à soupe d'agar-agar (16 g) | 300 g de sucre en poudre ou 40 g d'édulcorant en poudre type aspartame ou saccharine (suivant les goûts et les « régimes ») | 50 g de sucre roux ou cassonade | 25 cl de lait de coco | 3 œufs | 6 cuil. à café d'essence de vanille

• Préparez la gelée en diluant dans une sauteuse une cuillerée à soupe (8 g) d'agar-agar dans 50 cl d'eau. Ajoutez 200 g sucre (25 g d'édulcorant en poudre), mélangez et portez à ébullition. Laissez cuire sur feu doux 10 minutes, sans cesser de remuer. À l'aide d'une louche, versez doucement le mélange chaud dans une terrine ou un moule à cake. Laissez refroidir puis réservez 1 h au réfrigérateur pour que la gelée se fixe bien.

• Préparez, pendant ce temps, la crème : dans 75 cl d'eau, diluez l'agar-agar restant. Incorporez le sucre semoule (ou l'édulcorant) restant et laissez cuire 10 minutes. À part, faites chauffer le lait de coco et le sucre roux, jusqu'à dissolution du sucre. Battez les œufs et, tout en remuant, ajoutez quatre cuillerées à soupe de lait de coco. Mélangez et ajoutez au reste de lait. Versez le tout dans la préparation à l'agar-agar. Parfumez avec la vanille. Sans cesser de remuer, portez la crème à frémissements : elle doit épaissir sans former de grumeaux. Laissez refroidir puis versez sur la gelée de base, prise. Faites prendre 3 heures au frigo.

• Retirez l'écorce de l'ananas et coupez-le en quartiers. Épluchez le pamplemousse, enlevez la peau et les segments. Démoulez le flan et servez-le avec les fruits. Décorez avec la menthe fraîche.

Mousse de pommes à la menthe verte

Préparation : 20 min **Réfrigération** : 2 h **Cuisson** : 1 h 30 min **4 personnes**	6 pommes | 1 citron | 1 blanc d'œuf | 1 cuil. à café rase d'agar-agar (2 g) | 1 petit verre de jus de pomme | 1 cuil. à soupe de sucre glace | 2 cuil. à soupe de sirop de menthe verte

• Préchauffez le four à 90 °C (th. 3). Sans la peler, découpez une des pommes en très fines rondelles. Déposez ces dernières sur du papier de cuisson, saupoudrez de sucre glace et enfournez 1 heure à 1 heure 30 minutes. À la fin, les rondelles doivent ressembler à des chips bien croustillantes.
• Pelez les pommes restantes, fendez-les en quatre, éliminez les cœurs et les pépins, arrosez-les avec le jus du citron. Faites-les cuire à la vapeur pendant 20 minutes. Posez les quartiers de pomme cuite dans un linge propre et pressez-les au-dessus d'un bol pour recueillir leur jus. Réduisez alors la pulpe des fruits en très fine purée. Diluez dans le petit verre de jus de pomme l'agar-agar et ajoutez le jus obtenu des pommes cuites. Faites légèrement bouillir ce jus à l'agar-agar dans une casserole. Versez dans la purée.
• Montez le blanc d'œuf en neige, puis incorporez-le délicatement à la purée. Répartissez cette mousse dans quatre verres que vous placez au réfrigérateur.

Au moment de servir, décorez d'un filet de sirop de menthe et de chips de pomme.

Fraises en gelée de menthe

Préparation : 20 min **Réfrigération** : 2 h **Cuisson** : 10 min **4 personnes**	600 g de fraises | 1 bouquet de menthe fraîche | 3 cuil. à soupe de sirop de menthe | 1 cuil. à café rase d'agar-agar (2 g)

• Rincez et essorez les branches de menthe fraîche, réservez quelques feuilles pour la décoration. Faites bouillir 50 cl d'eau, éteignez le feu, immergez dedans le bouquet de menthe, couvrez et laissez infuser pendant une dizaine de minutes, puis filtrez. Diluez-y l'agar-agar et refaites bouillir. Versez le sirop de menthe, éteignez le feu et laissez tiédir à l'air libre. Rincez les fraises sous un mince filet d'eau froide. Égouttez-les puis déposez-les sur un linge pour les éponger. Équeutez-les, coupez-les en morceaux. Réservez-en quelques-unes pour la décoration.

• Versez dans des verres quelques centimètres de la préparation à la menthe, glissez dans le réfrigérateur pour faire prendre en gelée. Sortez les verres, déposez une couche de fraises dans chacun d'eux, versez encore un peu de préparation à la menthe puis remettez au frais. Recommencez l'opération jusqu'à ce que les verres soient remplis.

• Juste avant de servir, décorez avec des fraises et quelques feuilles de menthe.

Mousse banane à la mangue

Préparation : 25 min **Réfrigération** : 3 h **Cuisson** : 7 min **4 personnes**	1 mangue | 1 banane | 10 cl de lait de coco | 4 cuil. à soupe de sucre en poudre ou d'édulcorant en poudre type aspartame ou saccharine (suivant les goûts et les « régimes ») | 1 cuil. à café rase d'agar-agar (2 g) | 1 blanc d'œuf | 1 citron | 1 brin de menthe | 1 pincée de sel

• Coupez la chair de la mangue en deux tranches épaisses de chaque côté du noyau plat. Épluchez-les et recoupez-les en petits dés. Délayez dans 10 cl d'eau froide la moitié de l'agar-agar. Mettez les dés de mangue dans une casserole avec l'eau contenant l'agar-agar dissout et ajoutez la moitié du sucre en poudre (ou de l'édulcorant). Portez à ébullition et laissez frémir 5 minutes. Mixez. Laissez refroidir et placez 1 heure au frais.

• Préparez la mousse de banane : délayez l'agar-agar restant dans le lait de coco et versez le tout dans une petite casserole, portez à ébullition. Pressez le citron. Pelez la banane et coupez-la en rondelles. Mettez-les dans le bol d'un robot et mixez-les finement avec le lait de coco, le jus de citron et le reste de sucre en poudre. Réservez au réfrigérateur.

• Au batteur électrique, fouettez le blanc en neige ferme avec une pincée de sel. Incorporez-le délicatement au coulis de banane légèrement refroidi, en soulevant la préparation de haut en bas. Réservez 1 heure au réfrigérateur.

• En les alternant, versez la mousse de banane et le coulis de mangue dans des coupes, pour former des couches de couleurs différentes. Décorez de menthe et réservez au réfrigérateur pendant 1 heure encore.

Gratin de fromage blanc

Préparation : 10 min **Cuisson** : 10 min **4 personnes**	2 mangues | 250 g de fromage blanc 20 % de MG | 50 g de sucre en poudre ou 5 g d'édulcorant type aspartame ou saccharine (suivant les goûts ou les « régimes ») | 2 cuil. à soupe de son d'avoine | 2 jaunes d'œuf | 1 cuil. à soupe de sucre glace

• Préchauffez le four en position gril. Fouettez les jaunes d'œufs avec le sucre en poudre. Ajoutez le fromage blanc et mélangez bien. Réservez au frais. Pelez les mangues et coupez-les en lamelles.

• Répartissez les lamelles dans quatre petits plats à

gratin préalablement recouverts dans le fond de papier sulfurisé. Versez la préparation au fromage blanc par-dessus et saupoudrez du son d'avoine. Enfournez et faites gratiner 10 minutes environ. Servez dès la sortie du four, saupoudré de sucre glace.

Clafoutis à la mangue

Préparation : 20 min **Cuisson** : 40 min **4 personnes**	1 grosse mangue | 1 citron non traité | 40 cl de lait écrémé ou demi-écrémé | 4 œufs | 50 g de beurre | 100 g de farine | 30 g de son d'avoine | 120 g de sucre en poudre ou 20 g d'édulcorant en poudre type aspartame ou saccharine (suivant les goût et les « régimes ») | 1 cuil. à soupe de sucre glace | 1 pincée de gingembre en poudre

• Pelez la mangue, puis éliminez le noyau central. Découpez la pulpe en cubes. Placez-les dans une assiette creuse et saupoudrez-les avec le gingembre. Réservez au frais. Faites fondre le beurre dans une casserole, prélevez-en un peu pour enduire le fond et les parois d'un moule à manqué. Préchauffez le four à 180 °C (th. 6).

• Râpez le zeste du citron. Tamisez la farine. Dans un

saladier, cassez les œufs, ajoutez le sucre en poudre et le zeste, mélangez vivement. Quand le mélange est mousseux, ajoutez le beurre fondu et refroidi, puis la farine et le lait. Vous devez obtenir une pâte lisse et onctueuse. Épongez les cubes de mangue.

• Versez cette pâte dans le moule, disposez dessus les morceaux de mangue puis saupoudrez de son d'avoine. Enfournez pour 40 minutes.

• Avant d'éteindre le four, vérifiez la cuisson du clafoutis en le piquant avec une lame fine. La cuisson est terminée si la lame ressort bien propre. Vous pouvez déguster ce clafoutis tiède ou froid. Vous pouvez le décorer d'un nuage de sucre glace et de quelques fruits rouges.

Gâteaux de millet

Préparation : 10 min **Cuisson** : 40 min **4 personnes**	10 cl de lait végétal au choix (soja, noisettes, riz…) | 50 g de sucre complet | 2 œufs | 120 g de flocons de millet | 40 g de son d'avoine | 40 g de raisins secs | quelques gouttes d'extraits de vanille liquide

• Faites chauffer le lait avec le sucre et les raisins secs sur feu doux. Pendant la cuisson, battez les œufs en omelette avec la vanille. Ajoutez cette préparation au lait chaud, puis les flocons et le son d'avoine. Mélangez bien. Préchauffez le four à 180 °C (th. 6).

• Remplissez un moule haut ou des ramequins pour former des gâteaux individuels. Enfournez pour 30 minutes environ. Démoulez sur un plat de service et laissez refroidir.

• Vous pouvez aussi les servir dans des assiettes décorées de quelques amandes effilées, ou directement dans les ramequins.

Banquise de fruits

Préparation : 10 min **Réfrigération** : 4 h **Cuisson** : 5 min **4 personnes**	1 cuil. à café « bombée » d'agar-agar (4 g) | 10 cl de nectar d'abricot | 10 cl de jus de tomate | 1 mandarine | 1 rondelle d'ananas

• Coupez les quartiers de mandarine et la rondelle d'ananas en petits morceaux. Beurrez légèrement quatre ramequins. Dans une casserole, versez le nectar d'abricot avec la moitié de l'agar-agar. Faites chauffer jusqu'à frémissement en remuant bien avec une cuillère en bois.

• Remplissez les ramequins à moitié avec cette préparation. Répartissez-y les morceaux d'ananas. Recouvrez les ramequins avec du papier d'aluminium et mettez-les au réfrigérateur 2 heures.

• Faites chauffer le jus de tomate avec le reste d'agar-agar dans une casserole jusqu'à frémissement. Laissez refroidir et versez ce jus dans les ramequins. Ajoutez les morceaux de mandarine. Remettez les ramequins pour 2 heures au réfrigérateur.
• Lorsque c'est « solide », démoulez les ramequins sur une assiette.

Smoothie au kiwi et flocons d'avoine

Préparation : 15 min **Réfrigération** : 12 h **Cuisson** : Pas de cuisson **4 personnes**	20 cl de lait végétal au choix (soja, noisettes, riz…) | 3 cuil. à soupe de flocons d'avoine | 2 cuil. à soupe de son d'avoine | 1 yaourt nature à 0 % de MG | 2 kiwis | 4 glaçons

• La veille, mettez à tremper les flocons et le son d'avoine dans le lait végétal. Placez au réfrigérateur.
• Le jour même, mixez cette mixture avec le yaourt, les kiwis épluchés et les glaçons.

Index des recettes

Dans la collection MiniGuides ecoLibris :

ISBN	Code	Titre
978-2-87515-002-8	44 2910 6	La Manipulation
978-2-87515-003-5	44 2911 4	L'Anglais des affaires
978-2-87515-004-2	44 2912 2	L'Intelligence émotionnelle
978-2-87515-005-9	44 2913 0	La PNL
978-2-87515-006-6	44 2914 8	Des prénoms au top
978-2-87515-007-3	44 2915 5	Jus et cocktails Santé
978-2-87515-008-0	44 2917 1	Trouver le bonheur
978-2-87515-009-7	44 2918 9	Entraîner sa mémoire
978-2-87515-015-8	44 2921 3	En finir avec le stress
978-2-87515-017-2	44 2923 9	Le Langage du corps
978-2-87515-012-7	44 2919 7	Verrines gourmandes éco
978-2-87515-016-5	44 2922 1	Folles Salades éco
978-2-87515-018-9	44 2924 7	On dîne avec les doigts
978-2-87515-019-6	44 2925 4	Mini-Cuisine d'été
978-2-87515-026-4	44 2931 2	Recettes faciles et vite prêtes avec ma touche perso
978-2-87515-027-1	44 2926 2	Tartes gourmandes et éco
978-2-87515-028-8	44 2927 0	Recettes de l'étudiant
978-2-87515-029-5	44 2928 8	Cueillette et recettes de champignons
978-2-87515-030-1	44 2929 6	Conversations en anglais
978-2-87515-031-8	44 2930 4	Bien débuter la guitare
978-2-87515-032-5	44 2932 0	Mini-Cuisine d'hiver
978-2-87515-033-2	44 2933 8	Soupes toutes simples et éco
978-2-87515-038-7	44 2934 6	Bien gérer la pression
978-2-87515-039-4	44 2935 3	La Motivation

Dans la collection MiniGuides ecoLibris :

ISBN	Code	Titre
978-2-87515-040-0	44 2936 1	Recettes minceur au son d'avoine, agar-agar et autres modérateurs d'appétit
978-2-87515-041-7	44 2937 9	Merveilleux Petits Gâteaux

Impression et façonnage réalisés en juillet 2010 par
Snel (Vottem)
pour le compte d'Ixelles Publishing SA

N° d'impression : 51232
Dépôt légal : 4e trimestre 2009

Imprimé en Belgique